Die Untersuchungshaft aus der Sicht des
brasilianischen und des deutschen Rechts

Europäische Hochschulschriften

European University Studies

Publications Universitaires Européennes

Reihe II   **Rechtswissenschaft**
Series II   Law
Série II   Droit

Band/Volume **5759**

Luís Henrique Alves Sobreira Machado

Die Untersuchungshaft aus der Sicht des brasilianischen und des deutschen Rechts

Bibliografische Information der Deutschen Nationalbibliothek
Die Deutsche Nationalbibliothek verzeichnet diese Publikation in der Deutschen
Nationalbibliografie; detaillierte bibliografische Daten sind im Internet über
http://dnb.d-nb.de abrufbar.

ISSN 0531-7312
ISBN 978-3-631-66384-4 (Print)
E-ISBN 978-3-653-05879-6 (E-Book)
DOI 10.3726/978-3-653-05879-6

© Peter Lang GmbH
Internationaler Verlag der Wissenschaften
Frankfurt am Main 2015
Alle Rechte vorbehalten.
PL Academic Research ist ein Imprint der Peter Lang GmbH.
Peter Lang – Frankfurt am Main · Bern · Bruxelles · New York · Oxford · Warszawa · Wien

Das Werk einschließlich aller seiner Teile ist urheberrechtlich geschützt.
Jede Verwertung außerhalb der engen Grenzen des Urheberrechtsgesetzes ist
ohne Zustimmung des Verlages unzulässig und strafbar.
Das gilt insbesondere für Vervielfältigungen, Übersetzungen, Mikroverfilmungen
und die Einspeicherung und Verarbeitung in elektronischen Systemen.

Diese Publikation wurde begutachtet.

www.peterlang.com

Vorwort

Untersuchungshaft ist wohl in jeder Strafprozessordnung strukturell der massivste Eingriff in die Rechtsstellung des Beschuldigten, wird ihm doch für eine bestimmte Zeit die persönliche Freiheit genommen verbunden mit erheblichen Einschränkungen vor allem seiner familiären Kontakte und auch der Berufsausübung. Insbesondere ist diese strafprozessuale Maßnahme ihrer Art nach gänzlich irreversibel, kann doch die genommene Freiheit ebenso wie die erwähnten Einschränkungen persönlicher Kontakte als solche dem Betroffenen nachträglich nicht wieder gegeben werden. Dass bei Ausbleiben einer nachfolgenden Verurteilung zu einer Freiheitsstrafe die Tage in Untersuchungshaft für den Betroffenen durch eine Geldzahlung ausgeglichen werden, kann nichts daran ändern, dass ihm das Genommene als solches eben nicht zurückgegeben werden kann. Dazu kommt, dass die Verhaftung einer Person in deren Umfeld wie in der breiten Öffentlichkeit häufig fast wie eine (Vor-)Verurteilung angesehen wird. Zumindest bis zu einem endgültigen Freispruch bleibt an dem Verhafteten regelmäßig in den Augen Anderer „etwas hängen". Andererseits fürchten die meisten Strafverteidiger nicht ohne Grund eine Vorwirkung von Untersuchungshaft auf ein nachfolgendes Strafurteil: „U-Haft schafft Rechtskraft" ist hier ein geflügeltes Wort. Damit soll zum Ausdruck gebracht werden, dass Gerichte nach vollzogener Untersuchungshaft im Falle eines Schuldspruchs tendenziell nicht auf eine (Freiheits-)Strafe erkennen, welche die verbüßte Haftdauer unterschreitet, müsste doch anderenfalls der Verurteilte trotz festgestellter Schuld für die zu lange Haftdauer entschädigt werden.

Alle diese Überlegungen gelten zuvörderst für Deutschland, beschränken sich aber – zumindest soweit es um strukturelle Grundprobleme einer solchen Freiheitsentziehung vor Rechtskraft des Schuldspruchs geht – keineswegs auf das deutsche Strafverfahrensrecht. In anderen Staaten stellen sich vielmehr regelmäßig vergleichbare Interessenkonflikte. Daher und wegen der – wie angedeutet – fundamentalen Bedeutung einer nicht allzu ausufernden Anwendung dieses Grundrechtseingriffs erscheint es mir sehr sinnvoll, wenn sich deutsche Juristen gerade auch mit einem Blick auf die Rechtslage und die Erfahrungen in anderen Ländern immer wieder vergewissern, dass bei aller Problematik die hierzulande gefundene Lösung nicht durch die Übernahme besserer Lösungen aus dem Ausland doch noch optimiert werden könnte und sollte. Deshalb ist es äußerst verdienstvoll, dass sich vorliegend Luis Henrique Alves Machado vergleichend mit dem Recht der Untersuchungshaft in Deutschland und Brasilien befasst und dabei vor allem auch die menschenrechtlichen Voraussetzungen in den Blick nimmt. Als Strafverteidiger in Brasilia hat er bereits umfassende persönliche Erfahrungen mit dem Umgang mit dieser strafprozessualen Zwangsmaßnahme in Brasilien gewinnen können. Brasilien erscheint mir als Vergleichsobjekt aber auch deshalb besonders geeignet, weil hier seit nunmehr über 25 Jahren ganz ähnliche verfassungsrechtliche Rahmenbedingungen wie in Deutschland gelten und ohnehin zwischen der deutschen und der südamerikanischen Strafrechtswissenschaft schon seit vielen Jahrzehnten enge Kontakte bestehen.

Dem vorliegenden Büchlein liegt eine Masterarbeit zugrunde, welche der Verfasser im Sommer 2014 im Rahmen seines LL.M.-Studiums an der Juristischen Fakultät der Humboldt-Universität zu Berlin eingereicht hatte. Weil die Schrift für eine Masterarbeit ungewöhnlich breit und umfassend angelegt war, aber auch wegen der erwähnten grundsätzlichen Auseinandersetzung mit den Anforderungen an Untersuchungshaft in einem grundrechtsgebundenen Verfassungsstaat – wie eben Deutschland und Brasilien –und schließlich wegen der erwähnten persönlichen Erfahrungen des Verfassers (so dass es sich um erlebtes law in action und eben nicht bloß um law in the books handelt), hat sich die vorliegende Veröffentlichung in Buchform angeboten. Ich kann das nur wärmstens unterstützen und denke, dass der Verfasser damit einen wichtigen Beitrag zu einem menschenrechtsgeleiteten Diskurs innerhalb der Strafjustiz und Strafprozessrechtswissenschaft beider Länder geleistet hat, welcher in Zukunft eine noch engere Kooperation auf strafrechtlichem Gebiet zwischen Deutschland und Brasilien befördern dürfte. Deshalb bin ich dem Verlag Peter Lang auch sehr dankbar, dass er diese Veröffentlichung in relativ kurzer Zeit ermöglicht hat.

Berlin, im Mai 2015   Prof. Dr. Martin Heger

Inhaltsverzeichnis

Abkürzungsverzeichnis ix

A. Einleitung 1
   I. Problematik und Aktualität des Themas 1

B. Die Untersuchungshaft als Eingriff in die Grundrechte des Beschuldigten 7
   I. Vorbemerkungen 7
   II. Freiheitsprinzip 7
   III. Unschuldsvermutungsprinzip 12
   IV. Verhältnismäßigkeitsprinzip 17
   V. Beschleunigungsprinzip 24

C. Die Untersuchungshaft in Brasilien 31
   I. Ein kurzer Ausflug in die Geschichte der Untersuchungshaft im brasiliansichen Recht 31
   II. Erläuterung des Begriffes und der Zeitpunkt der Anordnung 38
   III. Die Voraussetzungen für die Anordnung der Untersuchungshaft 40
      1. Sachliche Voraussetzungen 40
         a) *Fumus Commissi Delicti* 40
         b) *Periculum Libertatis* 41
            aa) Die Sicherstellung der öffentlichen Ordnung 41
            bb) Die Sicherstellung der wirtschaftlichen Ordnung 45
            cc) Die Sicherstellung des Ermittlungs- und Erkenntnisverfahrens 47
            dd) Sicherstellung der Anwendung des Strafgesetzes 50

IV. Einschränkung der Untersuchungshaft..................................53
V. Nichtfreiheitsentziehende Maßnahmen................................55
VI. Aufhebung des Haftbefehls...57
VII. Rechtsbehelfe 58

D. Die Untersuchungshaft in Deutschland 61

I. Ein kurzer Ausflug in die Geschichte der Untersuchungshaft im deutschen Recht 61
II. Erläuterung des Begriffes und der Zeitpunkt der Anordnung...73
III. Voraussetzungen für die Anordnung der Untersuchungshaft....75
    1. Sachliche Voraussetzungen...75
        a) Dringender Tatverdacht...75
        b) Haftgründe...76
            aa) Flucht...76
            bb) Fluchtgefahr 77
            cc) Verdunkelungsgefahr 78
            dd) Vorliegen eines Kapitalverbrechens..................80
            ee) Wiederholungsgefahr..81
IV. Einschränkung der Untersuchungshaft..................................85
V. Aussetzung des Vollzugs 86
VI. Aufhebung des Haftbefehls...88
VII. Rechtsbehelfe...92

E. Fazit..95

Literaturverzeichnis 97

Abkürzungsverzeichnis

a.A.	anderer Ansicht
a.a.O	am angegebenen Ort
a.F.	alte Fassung
Anm.	Anmerkung
BGH	Bundesgerichtshof
BGBl.	Bundesgesetzblatt
BtMG	Betäubungsmittelgesetz
BVerG	Bundesverfassungsgericht
BVerGE	Entscheidung des Bundesverfassungsgerichts
bzgl.	bezüglich
bzw.	beziehungsweise
CCC	Constitutio Criminalis Carolina von 1532
Ebd.	Ebenda
EMRK	Europäische Menschrechtskonvention
ff.	fortfolgende
GG	Grundgesetz
ggf.	gegebenenfalls
grds.	grundsätzlich
i.d.R	in der Regel
i.V.m.	in Verbindung mit
JZ	Juristenzeitung
LG	Landgericht
n.F.	neu Fassung
NJW	Neu Juristische Wochenschrift
NStZ	Neu Zeitschrift für Strafrecht
OLG	Oberlandesgericht
RStPO	Reichsstrafprozessordnung
Rn.	Randnummer
Rs.	Rechtssache
S.	Seite
s.	siehe
sog.	sogenannt

StGB	Strafgesetzbuch
StPÄG	1964 Gesetz zur Änderung der StPO
StraffO	Strafverteidigerforum (Zeitschrift)
StPO	Strafprozessordnung
StV	Strafverteidiger (Zeitschrift)
u.	und; unten
u.a.	und andere; unter anderem
U-Haft	Untersuchungshaft
usw	und so weiter
v.	vom; von
vgl.	vergleiche
z.B.	zum Beispiel

A. Einleitung

I. Problematik und Aktualität des Themas

Heutzutage kann man durchaus sagen, dass Brasilien und Deutschland sehr ähnliche Rechtssysteme haben. Nachdem beide Länder diktatorische Regimes erlebt haben, sind 1949 das deutsche Grundgesetz und 1988 die brasilianische Verfassung in Kraft getreten. Sie enthalten demokratische Prinzipien und gewährleisten vor allem die Grundrechte der Bürger. Man sieht, dass die brasilianische und die deutsche Strafprozessordnung gemeinsame Grundlagen haben. Kern beider Systeme sind die Grundrechte und diese garantieren dem Angeklagten während des Verfahrens eine faire Strafverfolgung.

Zahlreiche Grundsätze aus dem Verfassungsrecht und dem Menschenrecht werden von den brasilianischen und deutschen Strafprozessordnungen anerkannt und legitimiert. Man kann das Prinzip der Unschuldsvermutung – *in dubio pro reo*, das Prinzip der Waffen- und Chancengleichheit und das Verhältnismäßigkeitsprinzip als gute Beispiele nennen, die die Ähnlichkeit zwischen den beiden Rechtssystemen bezeugen. Somit wird der Vergleich plausibel, weil es nicht nur identische Garantien in den Strafprozessordnungen gibt, sondern auch, weil das Untersuchungsobjekt vorliegender Arbeit die Untersuchungshaft ist, die beiden Rechtssystemen immanent sind.

Im Bereich der Zwangsmaßnahmen ist hervorzuheben, dass die Untersuchungshaft (U-Haft) sicherlich den schwersten Eingriff in die Grundrechte des Angeklagten darstellt. Die Untersuchungshaft bleibt ein unauslöschlicher Makel im Leben des Angeklagten, selbst wenn er im Laufe des Hauptverfahrens freigesprochen wird. Dieser Eingriff in das Recht auf körperliche Bewegungsfreiheit des Angeklagten muss ohne Zweifel mit Bedacht vorgenommen werden. Bevor ein solcher Eingriff erfolgt, muss sichergestellt sein, dass der gewünschte Zweck erreicht wird und die Rechte der „theoretisch schwächsten Partei" des Prozesses - des Angeklagten - ohne rechtskräftige Verurteilung nicht im Übermaß eingeschränkt werden.

Aus den genannten Gründen ist das Studium der Untersuchungshaft, vor allem auf dem Gebiet der vergleichenden Rechtskunde, von größter Bedeutung und hat zum Ziel, diese für die Strafprozessordnung so wichtige

Institution weiter zu entwickeln. Der Vergleich beider Gesetzgebungen, der verschiedenen Lehrmeinungen und der Gerichtsentscheidungen in beiden Ländern ist Quelle von grundlegender Bedeutung zur Entwicklung der Materie, die noch nicht ausdiskutiert ist. Im Jahr 2011 wurde in Brasilien das Gesetz Nr. 12.403 veröffentlicht, wodurch wesentliche Teile der Bestimmungen zur U-Haft in der Strafprozessordnung geändert wurden.

Zu den wichtigsten Änderungen, die Gegenstand weiterer Analysen sein werden, gehören in Brasilien der neue Artikel 313 Absatz I, der bestimmt, dass Untersuchungshaft in der Regel angeordnet werden kann, wenn es sich um eine vorsätzliche Straftat handelt, die mit einer Höchststrafe von mehr als vier Jahren bedroht ist, sowie der neue Artikel 319, der verschiedene nichtfreiheitsentziehende Maßnahmen in die StPO eingeführt hat, die dem Richter Alternativen zur Inhaftierung des Angeklagten geben. Fast zur gleichen Zeit wurde auch die deutsche Strafprozessordnung zum Thema U-Haft geändert. Im Jahr 2010 ist das „Gesetz zur Änderung des Untersuchungshaftrechts" vom 29.07.2009 in Kraft getreten. Drei Jahre später, im Jahr 2013, trat auch das „Gesetz zur Stärkung der Verfahrensrechte von Beschuldigten im Strafverfahren" vom 02.07.2013 in Kraft.

Beide Gesetze haben das Prozedere der Untersuchungshaft in Deutschland nachdrücklich geändert. Dabei sind hervorzuheben: a) das Recht des Beschuldigten, „bei seiner Verhaftung eine Abschrift des Haftbefehls" zu erhalten, und wenn „er die deutsche Sprache nicht hinreichend" beherrscht, „zudem eine Übersetzung in einer für ihn verständlichen Sprache" zu erhalten. „Ist die Aushändigung einer Abschrift und einer etwaigen Übersetzung nicht möglich, ist ihm unverzüglich in einer für ihn verständlichen Sprache mitzuteilen, welches die Gründe für die Verhaftung sind und welche Beschuldigungen gegen ihn erhoben werden";[1] b) das Rechts des „verhaftete(n) Beschuldigte(n), ... unverzüglich und schriftlich in einer für ihn verständlichen Sprache über seine Rechte" ... belehrt zu werden. „Ist eine schriftliche Belehrung erkennbar nicht ausreichend, hat zudem eine mündliche Belehrung zu erfolgen";[2] c) das Recht eines verhafteten Beschuldigten ... unverzüglich Gelegenheit zu bekommen, einen Angehörigen oder eine Person seines Vertrauens zu benachrichtigen, sofern der Zweck der

---
1 *StPO*, § 114a.
2 *StPO*, § 114b.

Untersuchung dadurch nicht gefährdet wird.³ Bislang waren ausdrückliche Belehrungspflichten nur für die sogenannte erste Vernehmung des Beschuldigten vorgesehen.⁴ Dies entsprach nicht mehr europarechtlichen Vorgaben (vgl. BT-Drucks. 16/11644, S. 13 ff). Deshalb sind die Belehrungs- und Benachrichtigungspflichten durch Änderungen in den §§ 114a, 114b, 114c StPO vorverlagert und erweitert worden.⁵

Folglich kann man bei diesem ersten Überblick bemerken, dass durch die Änderungen, die in beiden Ländern in den Strafprozessordnungen vorgenommen wurden, die Durchsetzung der Grundrechte der Angeklagten bei einem Haftbefehl verbessert und vor allem seine Rechte gestärkt werden sollen. Man wird bei der Studie feststellen, dass es erhebliche Ähnlichkeiten bei den Verfahrensweisen zur U-Haft in Brasilien und in Deutschland gibt. Hier kann man insbesondere die Voraussetzungen für die Untersuchungshaft anführen. Später werden in größerer Tiefe die drei kumulativen Voraussetzungen analysiert werden, die das brasilianische Strafprozessrecht festlegt, um die Untersuchungshaft zu legitimieren, nämlich: a) der Beweis, dass das Verbrechen vorliegt (*a prova da existência do crime*); b) ausreichende Indizien für die Täterschaft (*indício suficiente de autoria*); c) variable Haftgründe: c.1) Sicherung der öffentlichen Ordnung (*Garantia da ordem pública*); oder c.2) Sicherung der Wirtschaftsordnung (*Garantia da ordem econômica*); oder c.3) Sicherstellung des Ermittlungs- und Erkenntnisverfahren (*conveniência da instrução criminal*); oder c.4) die Sicherstellung der Anwendung des Strafgesetzes (*Garantia da aplicação da lei penal*).⁶

Trotz einiger Besonderheiten gibt es auch im deutschen Strafprozessrecht diese Voraussetzungen. Die Voraussetzungen für die Anordnung von U-Haft haben in der Regel, trotz Verwendung unterschiedlicher Fachbegriffe, den gleichen Zweck. Sie sind kumulativ, nämlich: a) dringender Tatverdacht; b) Haftgründe; b.1) Flucht; oder b.2) Fluchtgefahr; oder b.3)

---

3 *StPO*, § 114c.
4 *StPO*, § 136.
5 *Burhoff, Detlef*: Neuregelungen in der StPO durch das Gesetz zur Änderung des Untersuchungshaftrechts, http://www.burhoff.de/insert/?/veroeff/aufsatz/zap_F22_S489.htm#II (abgerufen am 11.04.2014).
6 *Nucci, Guilherme de Souza*: Prisão e Liberdade – De acordo com a Lei 12.403/2011, S. 87.

Verdunkelungsgefahr; oder b.4) Vorliegen eines Kapitalverbrechens; oder b.5) Wiederholungsgefahr; c) Verhältnismäßigkeit.[7]

Man muss aber auch sehen, dass es Unterschiede zwischen beiden Systemen gibt. Hervorzuheben wäre, dass die brasilianische Strafprozessordnung keine zeitliche Begrenzung für die Untersuchungshaft festschreibt. In Deutschland darf die Untersuchungshaft in der Regel sechs Monate nicht überschreiten.[8] Im brasilianischen Recht die *Habeas-Corpus*-Bestimmung gibt es während es in Deutschland die Haftbeschwerde gibt, um sich gegen einen Haftbefehl zu wehren.

Schließlich ist zu bemerken, dass bezüglich der Bagatelldelikte die deutsche Gesetzgebung verbietet, Untersuchungshaft bei Straftaten anzuordnen, deren Strafe sechs Monate oder einhundertachtzig Tagessätze nicht überschreitet, es sei denn, es besteht Verdunkelungs- oder Fluchtgefahr.[9] Im letztgenannten Fall besteht trotzdem die Möglichkeit, Untersuchungshaft anzuordnen, wenn Voraussetzungen des § 113 Abs. 2 StPO erfüllt sind. Wie oben gesagt, wurde in Brasilien durch die Gesetzesänderung von 2011 die Möglichkeit zur Anordnung von Untersuchungshaft bei geringfügigen Straftaten praktisch abgeschafft, wobei jedoch bei vorsätzlichen Straftaten, die mit Höchststrafen von über vier Jahren bedroht sind, vom Gesetz eine Untersuchungshaft zugelassen wird.

Wenn man also das Institut der Untersuchungshaft in Deutschland und Brasilien vergleicht, sieht man, dass es in beiden Gesetzgebungen Bestimmungen zu dieser Sache gibt und man erkennt vor allem die Gemeinsamkeiten und Verschiedenheiten. Trotz der sozialen, politischen, ökonomischen und kulturellen Unterschiede zwischen beiden Ländern wird man feststellen, dass die Untersuchungshaft im brasilianischen Recht dem deutschen Modell sehr ähnlich ist. Sowohl im brasilianischen als auch im deutschen Recht ist die Anordnung von Untersuchungshaft unter dem Gesichtspunkt der Verhältnismäßigkeit zu sehen - das gewünschte Ziel muss mit der Maßnahme erreicht werden können und die Maßnahme muss unerlässlich sein, da es

---

7 *Heger, Martin*: Strafprozessrecht, Studienreihe Rechtswissenschaften, S. 100, 101 und 102.
8 *StPO*, § 121, Abs. 1.
9 *Heger, Martin*: Strafprozessrecht: Studienreihe Rechtswissenschaften, S. 102.

sich um einen schweren Eingriff in die Grundrechte der Person handelt.[10] Vor dem Erlass eines Haftbefehls müssen also zuerst alle in der Verfassung festgeschriebenen Rechte des Beschuldigten geprüft werden. Ob dieser Voraussetzung kann man verstehen, dass die Gesetzgeber in beiden Ländern die entsprechenden Gesetze mit sehr viel Umsicht ändern mussten, um die Rechte des Beschuldigten zu stärken und somit der Untersuchungshaft mehr Legitimität zu geben.

---

10 *Heger, Martin*: Strafprozessrecht, Studienreihe Rechtswissenschaften, S. 96.
Filho, Fernando da Costa Tourinho: Manual de Processo Penal, S. 650.

B. Die Untersuchungshaft als Eingriff in die Grundrechte des Beschuldigten

I. Vorbemerkungen

Freiheitsentziehung, insbesondere die Anordnung von so genannter „vorsorglicher" Haft bzw. Untersuchungshaft, ist zweifellos einer der härtesten und schmerzlichsten Eingriffe in die Grundrechte des betroffenen Bürgers. Die Einschränkung der Bewegungsfreiheit des Betroffenen im Strafprozess vor seiner rechtskräftigen Verurteilung hört sich im ersten Moment wie eine unangemessene Maßnahme von Seiten des demokratischen Rechtsstaates an, wenn man die entsprechenden Prinzipien und Bestimmungen der Verfassung und der Menschenrechte berücksichtigt. Die Zulässigkeit von Untersuchungshaft durch die Strafprozessordnung könnte Grundrechte des Angeklagten während des Verfahrens beschädigen, wie das Recht auf Freiheit und das Prinzip der Unschuldsvermutung. Aus genau diesem Gegensatz zwischen dem Recht des Staates, den Angeklagten vorsorglich zu isolieren und dem Recht des Angeklagten, den Verfahrensausgang in Freiheit abzuwarten, entsteht die Diskussion über die Eignung der Untersuchungshaft, sowohl in Brasilien als auch in Deutschland. Davon werden die folgenden Erörterungen handeln.

II. Freiheitsprinzip

Körperliche Bewegungsfreiheit bedeutet für das Individuum nach eigenem Ermessen kommen, gehen und bleiben zu können. Wie Luiz Flávio Gomes schreibt, handelt es sich hierbei um eines der wertvollsten Grundrechte, da ohne körperliche Bewegungsfreiheit unzählige andere Rechte nicht ausgeübt werden können. Neben dem Recht auf Leben und dem Recht auf körperliche Unversehrtheit, ist die Freiheit für den Menschen wahrscheinlich das wertvollste Gut.[11] Nach Pieroth, Schlink, Kingreen und Poscher umfasst

---

11 *Gomes, Luiz Flávio*; *Marques, Ivan Luís*; *Bianchinni, Alice*; *Cunha, Rogério Sanches*; *Maciel, Silvio*: Prisão e Medidas Cautelares, Comentários à Lei 12.403, de 4 de maio de 2011, S. 39.

dieses "Grundrecht [...] das Recht, (positiv) jeden beliebigen, nahen oder fernen Ort aufzusuchen und (negativ) jeden beliebigen Ort zu meiden".[12]

Das Prinzip der körperlichen Bewegungsfreiheit ist ein Grundprinzip im brasilianischen und im deutschen Recht. Seine Unantastbarkeit wird in der brasilianischen Verfassung von 1988 im Artikel 5, Einführungssatz, garantiert, wo gesagt wird, dass „vor [...] dem Gesetz alle Menschen ohne Unterschied gleich [sind] und somit [...] allen Brasilianern und im Lande wohnenden Ausländern die Unverletzlichkeit des Rechts auf Leben, Freiheit, Gleichheit, Sicherheit und Eigentum garantiert [wird]". In Deutschland wird dieses Recht im Grundgesetz, Artikel 2 Abs. 2 Satz 2 mit folgenden Worten ausgedrückt: „Die Freiheit der Person ist unverletzlich". Artikel 104 Abs. 1 GG bestimmt: „Die Freiheit der Person kann nur auf Grund eines förmlichen Gesetzes und nur unter Beachtung der darin vorgeschriebenen Formen beschränkt werden. Festgehaltene Personen dürfen weder seelisch noch körperlich misshandelt werden". Es gilt also in beiden Rechtssystemen, dass vor der rechtskräftigen Verurteilung die Freiheit die Regel und die Haft die Ausnahme ist.

Die deutsche Rechtslehre besagt, dass Artikel 104 GG auf Grund historischer Bande zum englischen Verfassungsrecht entstand und zwar konkret mit Blick auf das Institut des *habeas corpus*.[13] Wenn man sich die Ausführungen zum *habeas corpus* in Artikel 5 Nr. LXVIII der brasilianischen Verfassung anschaut, spürt man den Geist der Freiheit, der sich im *Recht zu gehen und zu kommen* zeigt, der ebenfalls englischen Erfahrungen entspringt. Beide Rechtssysteme finden sich in Übereinstimmung mit den wichtigsten geltenden Bestimmungen des Völkerrechts. Die Allgemeine Erklärung der Menschenrechte von 1949 bestimmt in Artikel 3, dass „jeder [...] das Recht auf Leben, Freiheit und Sicherheit der Person [hat]". Im gleichen Sinne äußert sich die Europäische Menschenrechtskonvention in ihrem Artikel 7 Nr. 1: „Jede Person hat das Recht auf Freiheit und Sicherheit". Auch die Amerikanische Menschenrechtskonvention von 1969

---

12 *Pieroth, Bodo; Schlink, Bernhard; Kingreen, Thorsten; Poscher, Ralf*: Schwerpunkte Pflichtfach, Grundrechte Staatsrecht II, S. 106.
13 *Pieroth, Bodo; Schlink, Bernhard; Kingreen, Thorsten; Poscher, Ralf*: Schwerpunkte Pflichtfach, Grundrechte Staatsrecht II, S. 106.

sagt in Artikel 7 Nr. 1, dass "jeder Mensch [...] das Recht auf Freiheit und persönliche Sicherheit [hat]".

Dennoch und trotz der Tatsache, dass das brasilianische und das deutschen Rechtssystem das Recht auf Freiheit garantieren, darf ein im Gerichtsverfahren für schuldig Befundener und rechtskräftig Verurteilter ins Gefängnis gesteckt werden. Delikat ist eine Freiheitsentziehung jedoch, wenn das Verfahren noch nicht abgeschlossen ist und der Beschuldigte in Untersuchungshaft sitzt. Für einen solchen Fall verlangen die brasilianischen und die deutschen Rechtsvorschriften einstimmig, dass die Rechtmäßigkeit der Haft durch richterliche Gewalt (Richtervorbehalt) angeordnet werden muss. In Art. 5 Nr. LXI bestimmt die brasilianische Verfassung, dass „niemand festgenommen werden darf, es sei denn er wird auf frischer Tat gefasst oder es gibt einen schriftlichen und begründeten Haftbeschluss einer zuständigen Justizbehörde"; ausgenommen hiervon sind die im Gesetz aufgeführten militärischen Vergehen und Verbrechen. Hierzu schreibt das deutsche Grundgesetz in Art. 104 Nr. 2: „Über die Zulässigkeit und Fortdauer einer Freiheitsentziehung hat nur der Richter zu entscheiden. Bei jeder nicht auf richterlicher Anordnung beruhenden Freiheitsentziehung ist unverzüglich eine richterliche Entscheidung herbeizuführen. Die Polizei darf aus eigener Machtvollkommenheit niemanden länger als bis zum Ende des Tages nach dem Ergreifen in eigenem Gewahrsam halten. Das Nähere ist gesetzlich zu regeln".

In seinem Kommentar zu den brasilianischen Rechtsnormen hebt Guilherme de Souza Nucci hervor, dass in Brasilien die Freiheitsentziehung nur in einer ausreichend begründeten schriftlichen Entscheidung des zuständigen Richters (*magistrado*) angeordnet werden kann, oder aber von jedermann vorgenommen werden darf, wenn ein Verdächtiger auf frischer Tat angetroffen wird.[14] Also mit Ausnahme der Festnahme in flagranti, bedürfen nach brasilianischem Recht alle anderen Formen der Freiheitsentziehung der vorherigen Prüfung und der Ausstellung eines Haftbefehls durch einen Richter. Das sind: a) einstweilige Inhaftierung (*prisão temporária*);[15] b) Untersuchungshaft (*prisão preventiva*);[16] c) Haft durch

---

14 *Nucci, Guilherme de Souza*: Manual de Processo Penal e Execução Penal, S. 587.
15 *Gesetz* Nr. 7.960/89.
16 *StPO*, Artikel 311 ff.

Richterentscheid vor dem Hauptverfahren vor dem Geschworenengericht. (*prisão em decorrência de pronúncia*);[17] d) Haft durch Verurteilung (*prisão em decorrência sentença condenatória recorrível*);[18] f) Erzwingungshaft (*condução coercitiva*) – eine Zwangsmaßnahmen gegen Beschuldigte, Opfer, Zeugen, Sachverständige oder sonstige Personen, die vor Gericht oder bei der Polizei unentschuldigt nicht erscheinen.[19]

In ihrem Kommentar zum deutschen Grundgesetz schreiben Pieroth, Schlink, Kingreen und Poscher, dass die verfassungsrechtliche Zulässigkeit einer Freiheitsentziehung zuvorderst von der Entscheidung eines Richters abhängt,[20] was im deutschen Recht auch als Richtervorbehalt bezeichnet wird.[21] Es verbleibt jedoch eine Ausnahme, bei der das Grundgesetz Freiheitsentziehung ohne vorhergehende richterliche Entscheidung zulässt und zwar nach Maßgabe des oben erwähnten Artikels 104 Nr. 2 Satz 2 u. 3 und der Nr. 3, welche folgendes bestimmt: „Jeder wegen des Verdachtes einer strafbaren Handlung vorläufig Festgenommene ist spätestens am Tage nach der Festnahme dem Richter vorzuführen, der ihm die Gründe der Festnahme mitzuteilen, ihn zu vernehmen und ihm Gelegenheit zu Einwendungen zu geben hat. Der Richter hat unverzüglich entweder einen mit Gründen versehenen schriftlichen Haftbefehl zu erlassen oder die Freilassung anzuordnen".

Das bedeutet, schreiben Pieroth et al., dass eine unverzügliche Überprüfung des Freiheitsentzuges nach der Festnahme durch einen Richter gefordert wird, der sich nicht an der von den Polizeibehörden gelieferten Begründung festhalten darf, sondern der vielmehr selbständig die Gründe erkunden muss, die eine Haft erforderlich machen.[22] Roxin und Schünemann stellen fest, dass bei vorläufiger Festnahme, und dazu gehört auch die Flagranzfestnahme (§127 I 1), die Festnahme des mutmaßlichen Täters

---

17 *StPO*, Artikel 413 Abs. 3 i.V.m. Artikel 585.
18 *StPO*, Artikel 387, Abs. 1.
19 *StPO*, Artikel 218.
20 *Pieroth, Bodo; Schlink, Bernhard; Kingreen, Thorsten; Poscher, Ralf*: Schwerpunkte Pflichtfach, Grundrechte Staatsrecht II, S. 108.
21 *Wiesneth, Christian*: Die Untersuchungshaft, Haftanordnung und landesrechtlicher Vollzug nach neuem Recht, S. 4.
22 *Pieroth, Bodo; Schlink, Bernhard; Kingreen, Thorsten; Poscher, Ralf*: Schwerpunkte Pflichtfach, Grundrechte Staatsrecht II, S. 106.

auf Anordnung der Staatsanwaltschaft, durch einen Polizeimitarbeiter oder auch durch jedermann, ohne vorherige Ausstellung eines Haftbefehls durch einen Richter erfolgen kann.[23]

Wie Roxin und Schünemann darlegen, gibt es in der Strafprozessordnung vier Arten der vorläufigen Festnahme, nämlich: a) die anwesenheitssichernde und die identifizierungssichernde Flagranzfestnahme;[24] b) die identifizierungssichernde amtliche Festnahme durch Staatsanwaltschaft und Polizei;[25] c) die haftsichernde amtliche Festnahme;[26] d) die Festnahme zur Sicherung der Durchführung des beschleunigten Verfahrens.[27-28] In diesem Fällen ist die Festnahme des Beschuldigten ohne richterlichen Haftbefehl zulässig. Wie bereits gezeigt, beschränkt in Brasilien die Verfassung diese Ausnahmen auf die Flagranzfestnahme.

Schließlich muss noch hervorgehoben werden, dass beide Verfassungen bestimmen, dass ein Familienangehöriger des Beschuldigten oder eine andere Person im Falle der Inhaftierung unterrichtet werden muss. Das deutsche Grundgesetz sagt hierzu in Art. 104 Nr. 4: „Von jeder richterlichen Entscheidung über die Anordnung oder Fortdauer einer Freiheitsentziehung ist unverzüglich ein Angehöriger des Festgehaltenen oder eine Person seines Vertrauens zu benachrichtigen". Im gleichen Sinne sagt die brasilianische Verfassung: „die Festnahme einer Person und ihr Aufenthaltsort sind unverzüglich dem zuständigen Richter und der Familie der festgenommenen Person oder einer von ihr bestimmten Person mitzuteilen".[29] Des Weiteren sichert sowohl die brasilianische Verfassung in Artikel 5 Nr. LXIII, als auch die deutsche Strafprozessordnung in den §§ 114b u. 136 dem Festgenommen das Recht zu, über seine Rechte belehrt zu werden, wozu das Recht zu schweigen und das Recht auf einen Anwalt gehören.

---

23 *Roxin, Claus*; *Schünemann, Bernd*: Juristische Kurz-Lehrbücher, Strafverfahrensrecht, S. 254.
24 *StPO*, § 127, I, 1.
25 *StPO*, § 127, I, 2.
26 *StPO*, § 127, II.
27 *StPO*, § 127, b.
28 *Roxin, Claus*; *Schünemann, Bernd*: Juristische Kurz-Lehrbücher, Strafverfahrensrecht, S. 254.
29 *Brasilianische Verfassung*: Artikel 5, Nr. LXII.

Schlussfolgernd lässt sich feststellen, dass das Freiheitsprinzip Kern des brasilianischen und des deutschen Rechts ist und in beiden Ländern an die gleichen Voraussetzungen geknüpft ist. Dieses Prinzip ist von großer Bedeutung und in beiden Ländern sind die Anforderungen an die Freiheitsentziehung in der Verfassung festgeschrieben. Die Einschränkung der Freiheit des Beschuldigten ist durch einen für diese Angelegenheit zuständigen Richter einer strengen Prüfung zu unterziehen und zu begründen, damit willkürliche Freiheitsentziehungen verhindert werden. In einem demokratischen Rechtsstaat ist vor rechtskräftiger Verurteilung die Freiheit der reguläre Zustand, der Entzug der Freiheit bleibt die Ausnahme. Die Freiheitsentziehung vor einer rechtskräftigen Verurteilung ist also nur rechtmäßig, wenn sie von einem unabhängigen Richter angeordnet wird, der von der Verfassung und dem Gesetz dazu verpflichtet ist, dem Beschuldigten alle seine Rechte zu gewähren.

III. Unschuldsvermutungsprinzip

Was die Freiheitsentziehung vor einer rechtskräftigen Verurteilung betrifft, und hierbei insbesondere die Untersuchungshaft, steht das Prinzip der Unschuldsvermutung, ein Grundrecht des Beschuldigten, vor dem Recht des Staates, die Sache zu ermitteln. Zweck dieses Prinzips ist es, einen gerechten Strafprozess unter Wahrung der freiheitlichen Werte und der Menschenwürde zu sichern. In der Tat reiht sich das Unschuldsvermutungsprinzip in die Grundpostulate ein, die die durch die Französische Revolution im 18. Jahrhundert ausgelöste Reform des Strafsystems bestimmten.[30]

Bereits Artikel 9 der Erklärung der Menschen- und Bürgerrechte (*Déclaration des droits de l'homme et du citoyen*) von 1789 hat bestimmt: „Jede Person ist als unschuldig zu betrachten, bis ihre Schuld erklärt wurde. Und falls es unerlässlich sein sollte, sie festzuhalten, hat das Gesetz jede Härte, die für das Festhalten nicht notwendig ist, strengsten zu untersagen." Es soll hervorgehoben werden, dass die wichtigsten von diesem Artikel inspirierten internationalen Abkommen und Konventionen ebenfalls das

---

30 *Filho, Antônio Magalhães Gomes; Prado, Geraldo; Badaró, Gustavo Henrique; Moura, Maria Thereza Rocha de Assis; Fernandes, Og*: Medidas Cautelares no Processo Penal, Prisões e suas alternativas, Comentários à Lei 12.403, de 04.05.2011, S. 20.

Unschuldsvermutungsprinzip zum wesentlichen und unerlässlichen Wert für den von den Ermittlungen Betroffenen machen.[31] Das Prinzip findet sich in Artikel 11 der Allgemeinen Erklärung der Menschenrechte, verabschiedet 1948 von der Generalversammlung der Vereinten Nationen; in Artikel 6 Abs. 2 der Europäischen Menschenrechtskonvention von 1959 und in Artikel 8 Abs. 2 der Amerikanischen Menschenrechtskonvention von 1969.

Die brasilianische Verfassung folgt hier in Artikel 5 LVII dem Artikel 27 der italienischen Verfassung[32] und schreibt das Unschuldsvermutungsprinzip ausdrücklich mit folgenden Worten fest: „bis zur Rechtskraft der strafrechtlichen Verurteilung wird niemand für schuldig gehalten".[33] Auch in Deutschland muss dieses Prinzip bei der Rechtfertigung der Untersuchungshaft beachtet werden.[34] Und wenn es so auch nicht wörtlich im deutschen Grundgesetz steht, hat doch das Bundesverfassungsgericht gesagt: „Diese Unschuldsvermutung ist zwar im Grundgesetz nicht ausdrücklich statuiert, entspricht aber allgemeiner rechtsstaatlicher Überzeugung und ist durch Art. 6 Abs. 2 EMRK auch in das positive Recht der Bundesrepublik eingeführt worden".[35]

Die deutsche Lehre besagt, dass das Unschuldsvermutungsprinzip einerseits verbietet, einen Verdächtigen in gleicher Weise zu behandeln wird wie einen Verurteilten (Verbot der Vorwegnahme der Strafe) und auf der anderer Seite fordert, einen Verdächtigen nicht ohne Grund anders als einen Unverdächtigen zu behandeln.[36] Daraus lassen sich zwei Dinge schlussfolgern: a) der Beschuldigte muss seine Unschuld nicht beweisen, denn es wird seine Unschuld vermutet und somit liegt die Beweislast für den Nachweis der Schuld des vermutlichen Straftäters auf Seiten der Strafverfolgungsbe-

---

31 *Filho, Fernando da Costa Tourinho*: Manual de Processo Penal, S. 73.
32 *Italienische Verfassung*: Artikel 27: „*L'imputato non è considerato colpevole sino alla condanna definitiva*". „*Der Angeklagte wird bis zur endgültigen Verurteilung nicht als schuldig betrachtet*".
33 *Cruz, Rogerio Schietti Machado*: Prisão Cautelar – Dramas, Princípios e Alternativas, S. 68.
34 *Pieroth, Bodo; Schlink, Bernhard; Kingreen, Thorsten; Poscher, Ralf*: Schwerpunkte Pflichtfach, Grundrechte Staatsrecht II, S. 109.
35 B*VerfGE* 19, 342 (347).
36 *Pieroth, Bodo; Schlink, Bernhard; Kingreen, Thorsten; Poscher, Ralf*: Schwerpunkte Pflichtfach, Grundrechte Staatsrecht II, S. 109.

hörden; b) es ist das Recht des Beschuldigten, bis zu einer rechtskräftigen Verurteilung, das Gerichtsverfahren in Freiheit zu verfolgen.

Die Tatsache, dass das Rechtssystem eines demokratischen Rechtsstaates die Möglichkeit von Untersuchungshaft vorsieht, könnte als offenkundig verfassungswidrige Maßnahme gesehen werden, da ja hier die Haft vor der Feststellung der Schuld des Beschuldigten angeordnet wird, das heißt, man könnte es als vorweggenommene Bestrafung ansehen. Martin Heger macht darauf aufmerksam, dass diese Behauptung, hauptsächlich in den Fällen zutreffen könnte, wo es sich nach Ausstellung des Haftbefehls erst im Verlaufe der Ermittlungen zeigt, dass sich die Verdächtigung des Betroffenen als unzutreffend erweist oder dass es am Verfahrensende zu einem Freispruch kommt. So könnte rückschauend der Eindruck entstehen, dass hier einem Unschuldigen unverdient die Freiheit entzogen wurde.[37]

Weiter sagt Heger jedoch, dass dieses nicht bedeutet, dass die Untersuchungshaft im Widerspruch zum Rechtssystem stünde. Ein Staat, der sich den Grundrechten verpflichtet sieht, kann es nicht zulassen, dass der Gesetzgeber diese Rechte einfach beschneidet, sondern es müssen die Grenzen der Verhältnismäßigkeit uneingeschränkt gewahrt bleiben.[38] Ist Untersuchungshaft zulässig, darf sie nur angeordnet werden, wenn ihre Notwendigkeit wirklich stichhaltig nachgewiesen ist und ein Haftgrund existiert.[39] Wenn der Zweck, der mit der U-Haft in einem Strafverfahren erreicht werden soll, nicht klar erkennbar ist, dann ist die Haft illegal.[40]

In einer Analyse zu dieser Frage aus der Perspektive des brasilianischen Rechts hebt Antônio Magalhães Gomes Filho hervor, dass jeglicher Freiheitsentzug vor der endgültigen Verurteilung nur gerechtfertigt ist, wenn es sich um eine Ausnahmesituation handelt, in der die Freiheit des Beschuldigten den ordnungsgemäßen Fortgang oder die Effizienz der Verfahrens gefährden könnte.[41] Gomes Filho zitiert Juan Antonio Lascuráin

---

37 Vgl. *Heger, Martin*: Strafprozessrecht, Studienreihe Rechtswissenschaften, S. 99.
38 Vgl. *ebd.*, S. 96.
39 Vgl. *ebd.*, S. 96 und 99.
40 Vgl. *ebd.*, S. 96.
41 *Filho, Antônio Magalhães Gomes; Prado, Geraldo; Badaró, Gustavo Henrique; Moura, Maria Thereza Rocha de Assis; Fernandes, Og*: Medidas Cautelares no Processo Penal, Prisões e suas alternativas, Comentários à Lei 12.403, de 04.05.2011, S. 22.

Sanchez und kommt zu dem Schluss, dass diese Zwangsmaßnahme (die Untersuchungshaft) per Definition ein Instrument im Dienste des Verfahrens ist. Der Freiheitsentzug unter dieser Bezeichnung (die U-Haft) ist nur legitimiert, wenn sie den im Gesetz vorgesehenen Zwecken dient, die verfassungsmäßigen Werte respektiert und schließlich dem verfolgten Ziel entspricht.[42]

Zusammenfassend kann man sagen, dass jegliche Form von Haft notwendig und unerlässlich sein muss, ihr muss eine begründete Entscheidung eines Richters bzw. Gerichts zu Grunde liegen und sie muss einen wichtigen Zweck erfüllen.[43] Für die ausnahmsweise Inhaftierung einer Person, die als unschuldig anzusehen ist, kann auch die Wahrung der Prozesseffizienz als ausreichende Begründung gelten.[44] Dies erlaubt aber nicht die Schlussfolgerung, dass es ausreichend wäre, sich auf Prozesseffizienz zu berufen, um die Untersuchungshaft zu legitimieren. Vielmehr ist sie nur der Ausgangspunkt und erst nach Überprüfung aller Umstände eines Falles kann ausnahmsweise die Einschränkung der Freiheit eines Beschuldigten gerechtfertigt werden.[45]

Die Untersuchungshaft und damit die Einschränkung der Freiheit des Beschuldigten ist also nur in besonderen, vom Gesetz legitimierten Fällen gerechtfertigt. Dieser Ausnahmetatbestand ist ein Charakterzug, der in einem Strafrechtssystem demokratischer Ausrichtung entsteht und ist die logische Konsequenz aus dem Unschuldsvermutungsprinzip, das die Freiheit des Menschen als Regel und nicht als Ausnahme sieht. Diese Prämisse scheint jedoch die Realität in Deutschland und auch in Brasilien nicht korrekt widerzuspiegeln. Nach Angaben des *International Centre for Prison Studies* aus neuester Zeit hat Brasilien mit 548.003 Gefangenen die vierthöchste Anzahl an Gefängnisinsassen in der Welt und liegt damit nur hinter den USA (2.228.424), China (1.701.344) und Russland (674.100). Nach Zahlen, die vom selben Institut stammen, sind 38% davon

---

42 *Ebd.*, S. 22.
43 *Pacelli, Eugênio*: Curso de Processo Penal, S. 498.
44 *Ebd.*, S. 498.
45 *Filho, Antônio Magalhães Gomes; Prado, Geraldo; Badaró, Gustavo Henrique; Moura, Maria Thereza Rocha de Assis; Fernandes, Og*: Medidas Cautelares no Processo Penal, Prisões e suas alternativas, Comentários à Lei 12.403, de 04.05.2011, S. 22.

nicht rechtskräftig verurteilte Personen. Deutschland liegt auf Platz 27 mit insgesamt 62.632 Gefangenen wovon 18% nicht rechtskräftig verurteilte Untersuchungshäftlinge sind.[46]

Paulo Rangel merkt an, dass in Brasilien die Untersuchungshaft zur Banalität verkommen ist, wenn man bedenkt, dass es Gefangene gibt, die in Freiheit sein sollten und andere, die in Haft sitzen sollten aber auf unerklärliche Weise den Prozess in Freiheit erleben.[47] Roxin und Schünemann sagen, dass man die gleiche Situation in Deutschland findet – vor der Jahrtausendwende war die Zahl der Untersuchungshäftlinge extrem hoch – und sie finden es inakzeptabel, dass 18% der Haftbefehle wegen Bagatellsachen ausgestellt werden und dass es in gut der Hälfte der Verfahren, in denen Untersuchungshaft angeordnet war, schließlich zu keiner bewährungslosen Freiheitsstrafe kam.[48]

Außerdem weisen Roxin und Schünemann darauf hin, dass über 80% aller Haftbefehle, die sich auf Fluchtgefahr beriefen, später angefochten wurden. Abgesehen davon hat die Erfahrung mit der Anwendung des Instruments *Aussetzung des Vollzugs des Haftbefehls* aus § 116 StPO gezeigt, dass nur wenige Beschuldigte versuchen zu fliehen.[49] In Bezug auf eine nicht allzu ferne Vergangenheit haben *Dölling* und *Feltes* gezeigt, dass in den Jahren 1992 bis 1997 in über 80% der erstinstanzlichen Verfahren Untersuchungshaft angeordnet worden war.[50]

Die theoretische Beschreibung der Untersuchungshaft entspricht also nicht der Realität, weder in Brasilien noch in Deutschland. Es gibt eine logische Inversion des Verfahrens, wo die Haft zur Regel und die Freiheit die Ausnahme sind. Trotzdem, Haft darf im Verlaufe des Verfahrens nur angeordnet werden wenn sie wirklich notwendig ist und sie muss als Ausnahme verstanden werden. Wenn dies nicht beachtet wird, läuft man Gefahr, dass es zur Vorwegnahme der Strafe für den Beschuldigten

---

46 *International Centre for Prison Studies*: Highest to Lowest, http://www.prisonstudies.org/highest-to-lowest (abgerufen am 13.04.2014).
47 *Rangel, Paulo*: Direito Processual Penal, S. 790.
48 *Roxin, Claus; Schünemann, Bernd*: Juristische Kurz-Lehrbücher, Strafverfahrensrecht, S. 238.
49 *Ebd.*, S. 238.
50 *Kühne, Hans-Heiner*: Strafprozessrecht, Eine systematische Darstellung des deutschen und europäischen Strafverfahrensrechts, S. 262.

kommt, womit das Unschuldsvermutungsprinzip komplett unterwandert werden würde und so der Zweck der Untersuchungshaft verfälscht und, in der Konsequenz, der demokratische Rechtsstaat in Misskredit gebracht werden würde.

IV. Verhältnismäßigkeitsprinzip

Das Verhältnismäßigkeitsprinzip funktioniert im Wesentlichen als echte Bremse für das Wirken des Staates und verhindert ein Übermaß an Machtausübung durch seine Vertreter. In Deutschland hat sich das Bundesverfassungsgericht schon in dem Sinne positioniert, dass das Verhältnismäßigkeitsprinzip *"im Grunde bereits aus dem Wesen der Grundrechte selbst"* entspringt.[51] Nach Rechtsprechung des BVerfG ist die Verhältnismäßigkeit selbst ein Rechtsstaatsprinzip (Art. 20 Abs. 3 GG), nach welchem sich das ganze öffentliche Recht orientiert,[52] und dient im Strafprozessrecht, insbesondere auf dem Gebiet der Untersuchungshaft, als starke Barriere für die Ergreifung von Zwangsmaßnahmen und richtet sich an den Gesetzgeber und an die Strafverfolgungsorgane.[53] Zusammengefasst ist das Verhältnismäßigkeitsprinzip eine nachdrückliche Schranke für Eingriffe in die Grundrechte des Beschuldigten im Strafprozess.[54]

Wenn nun einerseits der Gesetzesvorbehalt aus Artikel 104 Nr. I GG den Gesetzgeber ermächtigt, in das Grundrecht auf Freiheit des Bürgers einzugreifen, so ist auf anderen Seite zu berücksichtigen, dass bei diesem Eingriff die Grenzen der Verhältnismäßigkeit eingehalten werden müssen.[55]

---

51 *BVerfGE* 19, 342 (348 f.); 65, 1 (44).
52 *BVerfGE* 3 383, 399; 7 377, 402 ff., 431 ff.; 19 342 ff.; 30 292 ff.; vgl. auch *BVerfGE* 70, 297.
53 *Löwe-Rosenberg*: Die Strafprozeßordnung und das Gerichtsverfassungsgesetz, Großkommentar, S. 20.
54 *BVerfG StraFO* 2005 456; *OLG Düsseldorf* StV 1988 390.
55 „*Unter der Bindung der Gesetzgebung an die Grundrechte ist der grundrechtliche Vorbehalt des Gesetzes zum grundrechtlichen Vorbehalt des verhältnismäßigen Gesetzes geworden*". *Pieroth, Bodo; Schlink, Bernhard; Kingreen, Thorsten; Poscher, Ralf*: Schwerpunkte Pflichtfach, Grundrechte Staatsrecht II, S. 68.

Die wichtigste Schranken-Schranke[56], die man in der Rechtsprechung des Bundesverfassungsgerichtes finden kann ist das Prinzip der Verhältnismäßigkeit.[57] Dieses verlangt konkret und vor allem, a) dass „der vom Staat verfolgte Zweck als solcher verfolgt werden darf"; b) dass „das vom Staat eingesetzte Mittel als solches eingesetzt werden darf"; c) dass „der Einsatz des Mittels zur Erreichung des Zwecks geeignet ist"; d) dass „der Einsatz des Mittels zur Erreichung des Zwecks erforderlich ist".[58] Ein letzter Teilgrundsatz, der von der Rechtslehre genannt wird, ist die Verhältnismäßigkeit im engeren Sinne oder Angemessenheit.[59]

---

56 „*Die Gesetzesvorbehalte erlauben dem Gesetzgeber, selbst in die Grundrechte einzugreifen bzw. die Verwaltung zu Eingriffen in die Grundrechte zu ermächtigen. Sie erlauben ihm damit, dem Grundrechtsgebrauch Schranken zu ziehen. Der Begriff der „Schranken-Schranken" bezeichnet die Beschränkungen, die für den Gesetzgeber gelten, wenn er dem Grundrechtsgebrauch Schranken zieht*"). *Pieroth, Bodo; Schlink, Bernhard; Kingreen, Thorsten; Poscher, Ralf*: Schwerpunkte Pflichtfach, Grundrechte Staatsrecht II, S. 68. "*Aus der Analyse der Individualrechte kann man den direkten Schluss ziehen, dass die Rechte, Freiheiten, Berechtigungen und Garantien begrenzt oder eingeschränkt werden können. Man darf hierbei jedoch nicht aus den Augen verlieren, dass solche Einschränkungen begrenzt sind. Man denke nur an die so genannten immanenten Schranken oder Schranken-Schranken, die die Handlungsfreiheit des Gesetzgebers beschränken, wenn er die individuellen Rechte einschränkt. Diese Schranken, die sich aus der Verfassung selbst ergeben, beziehen sich sowohl auf die Notwendigkeit, einen wesentlichen Kern der Grundrechte zu bewahren als auch auf die Klarheit, Bestimmtheit, Allgemeinheit und Verhältnismäßigkeit der auferlegten Einschränkungen*". Mendes, Gilmar Ferreira. Coelho, Inocêncio Mártires. Branco, Paulo Gustavo Gonet: Curso de Direito Constitucional, S. 348 und 349.
57 *Pieroth, Bodo; Schlink, Bernhard; Kingreen, Thorsten; Poscher, Ralf*: Schwerpunkte Pflichtfach, Grundrechte Staatsrecht II, S. 69.
58 *Ebd.*, S. 69.
59 *Alexy, Robert*: Theorie der Grundrechte, Suhrkamp-Taschenbuch Wissenschaft, Frankfurt am Main, 1986, S. 100. *Pieroth, Bodo; Schlink, Bernhard; Kingreen, Thorsten; Poscher, Ralf*: Schwerpunkte Pflichtfach, Grundrechte Staatsrecht II, S. 70.

Unter Berücksichtigung der zugrunde liegenden Kriterien Geeignetheit,[60] Erforderlichkeit[61] und Verhältnismäßigkeit in engerem Sinne,[62] ist nach Auffassung des BVerfG ein Eingriff in die persönliche Freiheit nur gerechtfertigt, „wenn und soweit der legitime Anspruch der staatlichen Gemeinschaft auf vollständige Aufklärung der Tat und rasche Bestrafung des Täters nicht anders gesichert werden kann als durch vorläufige Inhaftierung eines Verdächtigen".[63] Und es folgerte, dass weder die Schwere der Straftat noch der Grad der noch nicht bewiesenen Schuld ausreichend sind, die Haftmaßnahme zu rechtfertigen, sondern es müssen auch immer Umstände existieren, durch welche, ohne die Inhaftnahme des Beschuldigten, die unverzügliche Aufklärung und Bestrafung der Straftat in Gefahr sind.[64] Untersuchungshaft kann also unzulässig sein, weil sie unverhältnismäßig

---

60 *„Geeignetheit bedeutet, dass der Zustand, den der Statt durch das Mittel des Eingriffs schafft, und der Zustand, in dem der verfolgte Zweck als verwirklicht zu beachten ist, in einem durch bewährte Hypothesen über die Wirklichkeit vermittelten Zusammenhang stehen. Dabei muss das Mittel den Zweck zwar nicht ganz erreichen, aber fördern". Pieroth, Bodo; Schlink, Bernhard; Kingreen, Thorsten; Poscher, Ralf:* Schwerpunkte Pflichtfach, Grundrechte Staatsrecht II, S. 69.
61 *„Erforderlichkeit bedeutet, dass es keinen anderen Zustand gibt, den der Statt ohne großen Aufwand ebenfalls schaffen kann, der für den Bürger weniger belastend ist und der mit dem Zustand, in dem der verfolgte Zweck als verwirklicht zu betrachten ist, ebenfalls in einem durch bewährte Hypothesen über die Wirklichkeit vermittelten Zusammenhang steht. Der Zweck darf mit anderen Worten nicht durch ein gleich wirksames, aber weniger belastendes Mittel erreichbar sein". Ebd., S. 69.*
62 *„Verhältnismäßigkeit im engeren Sinne bedeutet, dass der Eingriff bzw. die Beeinträchtigung, die der Eingriff für den Einzelnen bedeutet, und der mit Eingriff verfolgte Zweck in recht gewichtetem und wohl abgewogenem Verhältnis zueinander stehen (auch Proportionalität, Angemessenheit oder Zumutbarkeit genannt). Gelegentlich stellen die Grundrechte selbst einen Bezug zwischen Eingriff und Eingriffszweck her, der als entsprechende Gewichtung und Abwägung verstanden werden kann. Dabei können mehrere für sich betrachtet angemessene Eingriffe in ihrer kumulativen oder additiven Wirkung unangemessen sein". Ebd., S. 70.*
63 B*VerfGE* 20, 144,147 = *NJW* 1966, 1703 mwN; *Hannich, Rolf:* Karlsruher Kommentar zur Strafprozessordnung mit GVG, EGGVG und EMRK, S. 627.
64 B*VerfGE*, NJW 2006, 1336, 1337. *Wiesneth, Christian:* Die Untersuchungshaft, Haftanordnung und landesrechtlicher Vollzug nach neuem Recht, S. 4.

ist (nicht erforderlich und nicht geeignet), weil ihr Zweck nicht mehr oder auch mit anderen Mitteln erreicht werden kann, also durch das Ergreifen milderer Maßnahmen oder wenn die Anordnung von Haft bezüglich des zu erwartenden Verfahrensergebnisses unangemessen wäre.[65] Im letzten Fall könnte man zum Beispiel an die Verurteilung zu einer Geldstrafe denken.[66]

Aus Sicht des deutschen Rechts ist die Anwendung des Verhältnismäßigkeitsprinzips eine Vorrausetzung für die Haftanordnung und die Haftdauer.[67] Die Anordnung von Untersuchungshaft ist gerechtfertigt, wenn es wegen des Vorliegens der Voraussetzungen *Fluchtgefahr* und *Verdunkelungsgefahr* keine mildere Maßnahme gibt, die dem Beschuldigten auferlegt werden kann; wegen der Voraussetzung *Wiederholungsgefahr* ist sie gerechtfertigt, wenn es um den Schutz vor schweren Straftaten geht.[68] Bezüglich des zweiten Punktes, der Haftdauer, ist zu berücksichtigen, dass es möglicherweise zu einer Strafe mit geringerer Haftdauer kommen wird als die Zeit, die der Beschuldigte in Untersuchungshaft sitzen wird.[69] Wenn man also solche Überlegungen anstellt, kann man ein Übermaß an Zwangsmaßnahmen zu Ungunsten des Beschuldigten vermeiden.

Es ist jedoch wichtig anzumerken, dass wenn bei der Abwägung Zweifel bezüglich der Verhältnismäßigkeit der Maßnahme verbleiben, dann wird bei der Entscheidung über die Untersuchungshaft das Prinzip *in dubio pro reo* nicht angewandt.[70] Dieses Prinzip, das bei der Urteilsfindung in der Hauptverhandlung zur Anwendung kommt, kann nicht auf die Entscheidung, ob Untersuchungshaft anzuordnen ist, angewandt werden, denn regelmäßig gibt es zu diesem Zeitpunkt nur Indizien und Verdachtsmomente, die nur Vermutungen über das zu erwartende Urteil zulassen.[71] Das ändert aber

---

65 Vgl. *BVerfGE* 19 343, 347 ff.; *BVerfGE NJW* 1993 3190; 1991 1043. *Löwe-Rosenberg*: Die Strafprozeßordnung und das Gerichtsverfassungsgesetz, Großkommentar, S. 21.
66 *Löwe-Rosenberg*: Die Strafprozeßordnung und das Gerichtsverfassungsgesetz, Großkommentar, S. 21.
67 *Ebd.*, S. 21.
68 *Pieroth, Bodo; Schlink, Bernhard; Kingreen, Thorsten; Poscher, Ralf*: Schwerpunkte Pflichtfach, Grundrechte Staatsrecht II, S. 109.
69 *Löwe-Rosenberg*: Die Strafprozeßordnung und das Gerichtsverfassungsgesetz, Großkommentar, S. 21.
70 *Ebd.*, S. 21.
71 *Ebd.*, S. 21.

nichts an der Tatsache, dass die Verhältnismäßigkeit im konkreten Fall die Haftvoraussetzung sein muss.[72] Schließlich ist noch die Anwendung des Verhältnismäßigkeitsprinzips bei der Aussetzung des Vollzugs des Haftbefehls nach StPO § 116 zu nennen. Das Bundesverfassungsgericht hat entschieden, dass bei der Überprüfung dieser Frage zu berücksichtigen ist, dass „selbst wenn die Voraussetzungen des § 116 Abs. 4 Nr. 3 StPO vorliegen, [...] infolge des Grundsatzes der Verhältnismäßigkeit stets zu prüfen [bleibt], ob statt einer Rücknahme der Haftverschonung nicht mildere Mittel der Verfahrenssicherung - namentlich eine Verschärfung der Auflagen - in Betracht kommen".[73]

Nach diesen Ausführungen zum Verhältnismäßigkeitsprinzip im deutschen Recht ist zu zeigen, wie dieses Thema von der brasilianischen Literatur und Rechtsprechung gesehen wird. Vorauszuschicken ist, dass in Brasilien die gleiche Sorgfalt bei Anwendung des Verhältnismäßigkeitsprinzips an den Tag gelegt wird wie in Deutschland. Die brasilianische Rechtslehre erkennt übrigens an, dass in Deutschland das Verhältnismäßigkeitsprinzip sowohl in der Lehre als auch in der Rechtsprechung am tiefsten verwurzelt ist, und dass man sich in der zweiten Hälfte des 20. Jahrhunderts vielleicht in diesem Land als Erstes der Bedeutung dieses Verfassungsprinzips bewusst wurde.[74] So wie in Deutschland wird auch in Brasilien betont, dass dieses Prinzip, durch seine enge Verbindung mit den Grundrechten auf die sich der Rechtsstaat stützt und von dessen Verwirklichung er gleichzeitig abhängt, dem Rechtsstaat selbst weseneigen ist.[75]

Das brasilianische Bundesverfassungsgericht hat diese Sichtweise bestätigt und unter Erwähnung des deutschen Juristen Robert Alexy ausgeführt: „Das Verhältnismäßigkeitsprinzip ist eine positive und materielle Anforderung an den Inhalt von grundrechtseinschränkenden Maßnahmen und legt damit eine Schranken-Schranke oder Übermaßverbot bei der Einschränkung dieser Rechte fest. Die Verhältnismäßigkeit fällt nach Alexy gleichfalls mit dem so genannten relativ angelegten Wesenskern der Grundrechte

---

72 *Ebd.*, S. 21.
73 *BVerfGE 2 BvR 720/12, 2 BvR 835/12.*
74 *Bonavides, Paulo*: Curso de Direito Constitucional, S. 407.
75 *Mendes, Gilmar Ferreira. Coelho, Inocêncio Mártires. Branco, Paulo Gustavo Gonet*: Curso de Direito Constitucional, S. 143.

zusammen – so wie es Alexy selbst sieht. In diesem Sinne bestimmt das Verhältnismäßigkeitsprinzip die letzte Schranke für mögliche legitime Einschränkungen eines bestimmten Grundrechts".[76] In Brasilien werden wegen des starken Einflusses des deutschen Rechts die Teilgrundsätze des Verhältnismäßigkeitsprinzips in gleicher Weise behandelt.[77] In diesem Sinne hat das brasilianische Bundesverfassungsgericht im *habeas corpus* Nr. 104.339 bekräftigt, dass es drei Teilgrundsätze des Verhältnismäßigkeitsprinzips gibt: Geeignetheit, Erforderlichkeit und Verhältnismäßigkeit im engeren Sinne.[78]

Es bleibt noch anzufügen, dass das Verhältnismäßigkeitsprinzip im brasilianischen Recht nicht als allgemeine Rechtsnorm schriftlich festgehalten ist, sich aber aus dem Verfassungstext herauslesen lässt.[79] Nichtsdestoweniger gibt es neben der Verfassung das Gesetz 12.403 aus 2011, das die Neufassung des Artikels 282 der brasilianischen Strafprozessordnung enthält. Dort wird in Absatz I festgehalten, dass bei der Anwendung der Zwangsmaßnahmen die Erforderlichkeit zu berücksichtigen ist, und zwar sowohl zur *Sicherstellung, dass die Strafe verbüßt wird* als auch zur *Sicherstellung des Ermittlungsverfahrens* sowie bei ausdrücklich vorgesehenen Fällen zur Verhinderung von Straftaten. In Nummer II wird bestimmt, dass die *Geeignetheit* einer Maßnahme im Zusammenhang mit der Schwere einer Straftat, den Umständen der Tat und den persönlichen Gegebenheiten des Beschuldigten berücksichtigt werden muss. Wie man sieht, handelt es sich um ein vom Gesetzgeber festgelegtes Kriterium für die Verhältnismäßigkeit, das bei der Auslegung der Norm bezüglich Erforderlichkeit und Geeignetheit von Untersuchungshaft und anderen Zwangsmaßnahmen hilft. Diese Anforderungen waren schon früher postuliert worden, wie man feststellt, wenn man die Strafprozessordnung im Sinne der Verfassung interpretiert. Diese der Verfassung untergeordnete Rechtsnorm, enthält nun die Begriffe Geeignetheit (*adequação*) und Erforderlichkeit (*necessidade*) *expressis verbis* in ihrem Text.[80]

---

76 Das brasilianische Bundesverfassungsgericht (*Supremo Tribunal Federal*): Habeas Corpus Nr. 104.339, S. 4.
77 *Bonavides, Paulo*: Curso de Direito Constitucional, S. 396.
78 Das brasilianische Bundesverfassungsgericht (*Supremo Tribunal Federal*): Habeas Corpus Nr. 104.339, S. 5.
79 *Bonavides, Paulo*: Curso de Direito Constitucional, S. 434.
80 *Wedy, Miguel Tedesco*: Eficiência e Prisões Cautelares, S. 74.

In diesem Sinn haben sowohl das brasilianische Verfassungsgericht als auch der brasilianische Bundesgerichtshof in ihren Entscheidungen sehr gut sichtbar gemacht, dass beide Anforderungen immer berücksichtigt werden müssen, bevor ein Haftbefehl erlassen wird. Ohne vollständigen Nachweis, dass beide Anforderungen erfüllt sind, ist der Haftbefehl gesetzwidrig und aufzuheben, wie Artikel 316 der Strafprozessordnung bestimmt. Eine wichtige Frage, mit der die brasilianische Rechtsprechung ständig zu tun hat, wenn sie sich mit dem Begriffspaar Geeignetheit und Erforderlichkeit auseinandersetzt, ist die Möglichkeit, andere Maßnahmen als die Untersuchungshaft zu ergreifen, so wie sie in dem durch Gesetz 12.401 eingeführten Artikel 319 der Strafprozessordnung aufgeführt sind. Diese Bestimmungen sind vergleichbar mit dem § 116 Abs. 1 S. 1, 2, 3 u. 4 der deutschen StPO.

Bei der Beschreibung der gesetzlichen Anforderungen (Geeignetheit und Erforderlichkeit) hat das brasilianische Bundesverfassungsgericht entschieden, dass die Anordnung von Untersuchungshaft als *ultima ratio* anstelle der vorläufigen Freiheit (*liberdade provisória*) nur im Falle von *fumus comissi delicti* (hohe Wahrscheinlichkeit der Begehung einer Straftat) und *periculum libertatis* (Gefahr, dass der Beschuldigte in Freiheit bleibt) zulässig ist und wenn außerdem die Anordnung alternativer Maßnahmen, einzeln oder in Kombination, nicht dem Anforderungspaar Erforderlichkeit/Geeignetheit entspricht oder wenn der Beschuldigte gegen solche Vorschriften bereits verstoßen hat.[81] Im gleichen Kontext hat der brasilianische Bundesgerichtshof die Auffassung bestätigt, dass „die Untersuchungshaft nur angeordnet wird, wenn sie nicht durch eine andere Maßnahme ersetzt werden kann und wenn es wirklich erforderlich ist und, den Umständen entspricht, unter denen die Straftat begangen wurde und den persönlichen Gegebenheiten des Beschuldigten angemessen ist".[82] Wenn also zum Beispiel die Auflage, sich regelmäßig bei Gericht zu melden – eine der aufgeführten Möglichkeiten – nicht geeignet oder erforderlich ist, den Umständen des konkreten Falls zu entsprechen, nur dann darf Untersuchungshaft angeordnet werden.

---

81 *Das brasilianische Bundesverfassungsgericht* (*Supremo Tribunal Federal*): Recurso Ordinário em *Habeas Corpus* Nr. 121529/DF.
82 *Der brasilianische Bundesgerichtshof* (*Superior Tribunal de Justiça*): Recurso Ordinário em Habeas Corpus Nr. 38459/SP.

Bezüglich des Nachweises der *Erforderlichkeit* hat das brasilianische Bundesverfassungsgericht bestätigt, dass sich seine Rechtsprechung in dem Sinne gefestigt hat, dass die Schwere der Straftat für sich allein die Untersuchungshaft nicht *erforderlich* macht.[83] In einer anderen wichtigen Entscheidung hat es angemerkt, dass die Untersuchungshaft auf der Grundlage der Voraussetzung Sicherstellung der öffentlichen Ordnung, Sicherstellung der Tatermittlung oder Anwendung des Strafgesetzes gerechtfertigt ist; wenn, das soziale Umfeld gegen die konkrete Möglichkeit einer Wiederholungstat schützengeschützt werden muss; wenn es Beweise dafür gibt, dass der Beschuldigte in Freiheit Anstrengungen unternehmen würde, sich der Bestrafung zu entziehen.[84]

Zusammenfassend kann man also sagen, dass das brasilianische und das deutsche Recht das Verhältnismäßigkeitsprinzip auf verfassungsrechtlicher Ebene sehr ähnlich behandeln. Dabei muss man auch sehen, dass letztes auf erstes eingewirkt hat. Die Teilgrundsätze *Geeignetheit*, *Erforderlichkeit* und *Verhältnismäßigkeit im engeren Sinne* sind in beiden Systemen Kriterien für die Rechtmäßigkeit eines Haftbefehls. Im Strafprozess spielt das Verhältnismäßigkeitsprinzip also sowohl in Brasilien als auch in Deutschland eine bedeutende Rolle und wirkt als Bremse, um eventuelles Übermaß von Seiten des Staates zu verhindern und um zu vermeiden, dass die Anordnung von Untersuchungshaft unangebrachterweise zu einer Art Strafmaßnahme wird.

V. Beschleunigungsprinzip

Was die Behandlung von Haftsachen angeht, so findet sich das Beschleunigungsprinzip im Grundrecht auf Freiheit.[85] Fraglos ist dieses Prinzip von großer Wichtigkeit im Zusammenhang mit der Untersuchungshaft, denn das Verfahren gegen den Beschuldigten darf nicht ewig ohne definitive Antwort des Staates dauern – unabhängig davon, ob der der Beschuldigte am Ende verurteilt oder freigesprochen wird. Das Beschleunigungsprinzip bedeutet, dass alle möglichen und vernünftigen Maßnahmen ergriffen werden, damit

---

83 *Das brasilianische Bundesverfassungsgericht (Supremo Tribunal Federal): Habeas Corpus* Nr. 97346/SP.
84 *Das brasilianische Bundesverfassungsgericht (Supremo Tribunal Federal): Habeas Corpus* Nr. 109.723/PI.
85 *BVerfGE* 46, 194, 195.

der Strafprozess so zügig wie möglich erledigt wird.[86] Das bedeutet nicht, dass die Aufklärungspflicht, die effektive Verteidigung und auch berechtigte Interessen der Geschädigten zu Gunsten des Beschleunigungsprinzips verkürzt oder eingeschränkt würden.[87]

In Deutschland ist das Beschleunigungsprinzip nicht explizit im Verfassungstext enthalten. Es entspringt einer gemeinsamen Auslegung des Grundrechts auf Freiheit (Art. 2 Satz 2 GG), des Rechtsstaatsprinzip (Art. 20 Nr. 3 GG) und auch des Art. 5 Abs. 1 c[88] i.V.m. Art. 6 Abs. 1[89] der Europäischen Menschenrechtskonvention (EMRK), und stellt somit ein Korrektiv gegen eine übermäßige Dauer des Freiheitsentzuges dar. Es gibt jedoch keine strengen Grenzen für die Anwendung dieses Prinzips. Nach Auffassung des deutschen Bundesverfassungsgerichtes hat ein Urteil im Hauptverfahren spätestens nach einem Jahr Untersuchungshaft zu ergehen oder es muss in diesem Zeitraum mindestens die Hauptverhandlung eröffnet werden.[90] Das bedeutet, dass wenn die Justizbehörden nach einem Jahr Untersuchungshaft

---

86 *Löwe-Rosenberg*: Die Strafprozeßordnung und das Gerichtsverfassungsgesetz, Großkommentar, S. 23.
87 *Ebd.*, S. 23.
88 *„Jede Person hat das Recht auf Freiheit und Sicherheit. Die Freiheit darf nur in den folgenden Fällen und nur auf die gesetzlich vorgeschriebene Weise entzogen werden: rechtmäßige Festnahme oder rechtmäßiger Freiheitsentziehung zur Vorführung vor die zuständige Gerichtsbehörde, wenn hinreichender Verdacht besteht, daß die betreffende Person eine Straftat begangen hat, oder wenn begründeter Anlaß zu der Annahme besteht, daß es notwendig ist, sie an der Begehung einer Straftat oder an der Flucht nach Begehung einer solchen zu hindern"*.
89 *„Jede Person hat ein Recht darauf, daß über Streitigkeiten in bezug auf ihre zivilrechtlichen Ansprüche und Verpflichtungen oder über eine gegen sie erhobene strafrechtliche Anklage von einem unabhängigen und unparteiischen, auf Gesetz beruhenden Gericht in einem fairen Verfahren, öffentlich und innerhalb angemessener Frist verhandelt wird. Das Urteil muß öffentlich verkündet werden; Presse und Öffentlichkeit können jedoch während des ganzen oder eines Teiles des Verfahrens ausgeschlossen werden, wenn dies im Interesse der Moral, der öffentlichen Ordnung oder der nationalen Sicherheit in einer demokratischen Gesellschaft liegt, wenn die Interessen von Jugendlichen oder der Schutz des Privatlebens der Prozeßparteien es verlangen oder - soweit das Gericht es für unbedingt erforderlich hält - wenn unter besonderen Umständen eine öffentliche Verhandlung die Interessen der Rechtspflege beeinträchtigen würde"*.
90 *BVerfGE NJW* 2006 672; auch *BVerfGE StV* 2006 703.

einen ganzen Monat zur Erledigung einer Sache brauchen, dann bedeutet bereits dieser eine Monat eine Verletzung des Beschleunigungsprinzips.[91]

In Brasilien findet das Beschleunigungsprinzip seine Grundlage in Artikel 5 Nr. LXXVIII Bundesverfassung wo bestimmt wird, das im Justiz- und Verwaltungswesen allen eine vernünftige Prozessdauer und die Mittel zur Beschleunigung ihrer Angelegenheit garantiert wird. Rogério Schietti merkt an, dass obwohl diese Norm in erster Linie auf die Prozessdauer abzielt, schließt sie auch die Garantie ein, dass während eines Verfahrens niemandem länger als angemessen die Freiheit entzogen werden darf,[92] wobei jegliche unangemessene Verlängerung ohne wichtigen Grund unzulässig ist.[93]

Trotzdem hat das brasilianische Bundesverfassungsgericht bereits bei verschiedenen Anlässen entschieden, dass die Dauer des Ermittlungsverfahrens und des Erkenntnisverfahrens sich dem Postulat der Verhältnismäßigkeit zu unterwerfen hat, um Straflosigkeit in sehr komplexen Fällen zu vermeiden.[94] Hierzu führt das Verfassungsgericht klar aus, dass sich das Übermaß im Hauptverfahren nicht einfach arithmetisch errechnen lässt, da die Komplexität des Verfahrens, ungerechtfertige Verzögerungen, Verzögerungstaktiken der Verteidigung und die Anzahl der beteiligten Angeklagten Faktoren sind, die erst in ihrer Gesamtheit oder im Einzelnen bewertet zeigen, ob die Dauer der Ermittlungen hinnehmbar ist oder nicht.[95]

Es gab bereits übereinstimmende Rechtsauffassungen des brasilianischen Bundesgerichtshofs zu dieser Frage. Das führte zur Veröffentlichung der Zusammenfassung (*súmula*) Nr. 64 führte, die definiert: "Es gibt kein gesetzwidriges Übermaß bei der Verfahrensdauer in komplexen Angelegenheiten, wenn die Verzögerung durch Anträge von Seiten der Verteidigung

---

91 *BVerfGE NJW* 2006 672.
92 *Cruz, Rogerio Schietti Machado*: Prisão Cautelar – Dramas, Princípios e Alternativas, S. 105.
93 *Der brasilianische Bundesgerichtshof (Superior Tribunal de Justiça)*: Habeas Corpus Nr. 112.026/AL. In diesem Fall hatte die fünfte Kammer des brasilianischen Bundesgerichtshofs *habeas corpus* (Haftentlassung) zu Gunsten der beiden Angeklagten, die bereits sieben Jahre in Untersuchungshaft saßen, gewährt, so dass sie das Ende des Verfahrens in Freiheit abwarten können.
94 *Das brasilianische Bundesverfassungsgericht (Supremo Tribunal Federal)*: Habeas Corpus Nr. 119376/MTS.
95 *Das brasilianische Bundesverfassungsgericht (Supremo Tribunal Federal)*: Habeas Corpus Nr. 119376/MTS.

selbst zustande kommt." So sind bei der Abwägung des Beschleunigungsprinzips, der Schwierigkeitsgrad des Verfahrens und auch Verzögerungstaktiken von Seiten der Verteidigung zu berücksichtigen. Durch die lange Verfahrensdauer kommt es dann nicht zu einer gesetzwidrigen Situation, das heißt, es handelt sich nicht um unangemessenen Freiheitsentzug, wenn die Besonderheiten des konkreten Falles es verlangen und das Verfahren nicht so wie es sollte voranschreiten kann.

Es ist wichtig hervorzuheben, dass die Rechtsprechung der brasilianischen Gerichte die gleiche Auffassung zur Frage vertritt wie der Europäische Gerichtshof für Menschenrechte. In der Sache Lelievre *versus* Belgien,[96] hat der Gerichtshof entschieden, dass die Untersuchungshaft eine Ausnahmemaßnahme ist, die nur verhängt werden darf, wenn sie absolut notwendig ist. Nach der Rechtsprechung des Gerichtshofes sind die nationalen Justizbehörden in erster Linie dazu verpflichtet sicherzustellen, dass die Untersuchungshaft eines Beschuldigten kein vernünftiges Maß übersteigt. Dazu müssen alle Umstände geprüft werden, aus denen sich Gründe öffentlichen Interesses ergeben, welche, unter Aufrechterhaltung der Unschuldsvermutung, die Ausnahme von der Regel, die individuelle Freiheit zu respektieren, rechtfertigen. Diese Gründe müssen in den Entscheidungen zu den regelmäßigen Prüfungen der Untersuchungshaft dargelegt werden. Diese Gründe für die regelmäßigen Entscheidungen wird das Gericht überprüfen um festzustellen, ob es eine Verletzung des Art. 5, Nr. 3 der EMRK gab oder nicht.

Der Europäische Gerichtshof für Menschenrechte hat weiterhin angemerkt, dass es nicht von einer abstrakten Beurteilung abhängt, ob die Untersuchungshaftdauer angemessen ist oder nicht, sondern es müssen immer die Besonderheiten des Falls berücksichtigt werden. Er ist der Meinung, dass das Fortbestehen von dringendem Tatverdacht regelmäßig eine *conditio sine qua non* für die Aufrechterhaltung der Untersuchungshaft ist, aber nach einem bestimmten Zeitraum ist dieses Element für sich allein nicht mehr ausreichend und muss durch andere "zutreffende" und "ausreichende" Gründe bekräftigt werden, um die Aufrechterhaltung der Untersuchungshaft zu rechtfertigen. Außerdem hat es festgehalten, dass von den Behörden besondere Anstrengungen bei der Führung des Verfahrens

---

96 *Application* Nr. 11287/03; date of Judgment: 08.11.2007.

unternommen werden müssen, um die Komplexität und die Besonderheiten der Ermittlungen zu erkennen.

Der Europäische Gerichtshof für Menschenrechte hat schließlich festgestellt, dass Artikel 5 EMRK das Grundrecht des Menschen auf Schutz gegen willkürliche Übergriffe des Staates auf seine Freiheit festschreibt. Nach Auffassung des Gerichtshofes zielt Nr. 3 insbesondere darauf ab, das Recht auf Freiheit bis zum Ende des Strafprozesses zu garantieren, so dass der Beschuldigte vorläufig aus der Haft zu entlassen ist, sobald die Aufrechterhaltung der Haft nicht mehr angemessen ist. Weiter hat es angeführt, dass unter diesen Umständen und besonders im konkreten Fall, wo die Ermittlungsbehörden zu keinem Moment die Möglichkeit einer Alternative zur Untersuchungshaft in Betracht gezogen haben, die Dauer der Zwangsmaßnahme, nämlich 7 Jahre und 10 Monate, den angemessenen Zeitraum aus Artikel 5, Nr. 3 der Konvention überschreitet.

Die Rechtsprechung des deutschen Bundesverfassungsgerichts liegt auf der gleichen Linie. Das Gericht hat entschieden, dass „eine Untersuchungshaft, gleich welche Strafe ein Angeklagter wahrscheinlich zu erwarten hat, nicht mehr als notwendig anerkannt werden [kann], wenn ihre Fortdauer durch vermeidbare, sachlich nicht zu rechtfertigende Verzögerungen verursacht ist".[97] Es hebt hervor, dass § 121 StPO festlegt, dass bei einer mit Freiheitsstrafe bedrohten Straftat in der Regel "der Vollzug der Untersuchungshaft […] über sechs Monate hinaus nur aufrechterhalten werden [darf]", wenn die besondere Schwierigkeit oder der besondere Umfang der Ermittlungen oder ein anderer wichtiger Grund das Urteil noch nicht zulassen und die Fortdauer der Untersuchungshaft rechtfertigen.

In Brasilien ist in den Gesetzen keine Höchstdauer für die Aufrechterhaltung der Untersuchungshaft festgelegt. Nach Guilherme de Souza Nucci ist es in der Regel so, dass die Haft während des Ermittlungs- und Erkenntnisverfahrens so lange wie notwendig andauert und logischerweise mit einem eventuellen Freispruch endet, denn dadurch werden die Gründe für die Anordnung der U-Haft hinfällig. Die Untersuchungshaft endet auch mit der Rechtskraft einer Verurteilung, denn von diesem Moment an handelt es sich um Strafvollzug. Nucci zeigt damit die Wichtigkeit, die Grenzen der

---

97 *BVerfGE* 20, 45, 49 = *NJW* 1966, 1259.

Angemessenheit für die Haftdauer zu respektieren, wobei die Grenzen des gesunden Menschenverstandes und der effektiven Notwendigkeit für das Ermittlungs- und Erkenntnisverfahrens nicht überschritten werden dürfen. Damit verteidigt er das dem Wirken des Staates innewohnende Verfassungsprinzip, dass in der Angemessenheit der Untersuchungshaftdauer besteht.[98]

Bei der Analyse des brasilianischen und des deutschen Rechts zum Beschleunigungsprinzip ergeben sich also keine unterschiedlichen Positionen. Zusammenfassend kann man sagen, dass sowohl in Deutschland als auch in Brasilien das Prinzip identische Bedeutung hat und identisch verstanden wird. Das Strafverfahren muss so zügig wie möglich durchgeführt werden, ohne jedoch die Grundrechte des Beschuldigten, wie effektive Verteidigung zu verletzen. Man kann nicht zulassen, dass der Beschuldigte unbegrenzt lange das Verfahrensende hinter Gittern abwartet. Und auch wenn eine lange Haftdauer erforderlich ist, muss die Haftanordnung den wichtigen Grund dafür angeben und es müssen alle Voraussetzungen für die Haftanordnung erfüllt sein, da sie sonst unrechtmäßig ist.

---

98 *Nucci, Guilherme de Souza*: Manual de Processo Penal e Execução Penal, S. 618.

C. Die Untersuchungshaft in Brasilien

I. Ein kurzer Ausflug in die Geschichte der Untersuchungshaft im brasiliansichen Recht

Die Geschichte der Untersuchungshaft in Brasilien geht zurück bis zu der Zeit, als das Land zum Herrschaftsgebiet des Vereinigten Königreiches von Portugal gehörte.[99] Vor der politischen Selbständigkeit Brasiliens, die 1822 mit der Unabhängigkeitserklärung erreicht wurde, hat sich die Kolonie Brasilien nach der portugiesischen Rechtsordnung gerichtet, deren Grundlage die *Gebote des Königreiches (Ordenações do Reino)* waren. Diese Gebote waren Gesetzessammlungen, die in fünf Bänden zusammengefasst waren und in drei Versionen existierten: die Alfonsinischen (1446), die Manuelinischen (1514) und die Philippinischen (1603).[100] Zur Zeit der Philippinischen Gebote hat Almeida Júnior unter Berufung auf Vanguerve berichtet, dass das Justizreformgesetz vom 6. Dezember 1612 bestimmt hat, dass vor der Feststellung seiner Schuld niemand gefangen genommen werden darf, ausgenommen in den Fällen, in denen den Angeschuldigten die Todesstrafe erwartete – die Inhaftierung war allerdings nicht obligatorisch.[101] In der Kolonie Brasilien war die Verordnung von vorsorglicher Haft vor der rechtskräftigen Verurteilung eine Ausnahmemaßnahme und nur bei schweren Straftaten zulässig, wobei dann die Schuld innerhalb von acht Tagen festgestellt werden musste.[102]

Die freie und souveräne brasilianischen Nation hat Ihre erste Verfassung im Jahre 1824 von Dom Pedro I. erhalten.[103] Die Verfassung des brasilianischen Kaiserreichs, die stark von den liberalen französischen Ideen der

---

99 *Wedy, Miguel Tedesco*: Eficiência e Prisões Cautelares, S. 37.
100 *Gama, Angélica Barros*: As Ordenações Manuelinas, a tipografia e os descobrimentos: a construção de um ideal régio de justiça no governo do Império Ultramarino português, S. 22.
101 *Júnior, João Mendes Almeida*: O processo criminal braziliero, S. 346 und 349.
102 *Barros, Romeu de Campos*: Processo Penal Cautelar, S. 71.
103 *Bonavides, Paulo*. Curso de Direito Constitucional, S. 89.

Erklärung der Menschen- und Bürgerrechte von 1789 beeinflusst war,[104] hat wichtige Regeln zugunsten des Angeklagten im Strafprozess geschaffen, wie zum Beispiel das Unschuldsvermutungsprinzip. In Artikel 179 Nr. VIII stand, dass außer den im Gesetz festgeschriebenen Fällen niemand ohne hinreichenden Tatverdacht inhaftiert werden darf. In Nr. IX wurde festgelegt, dass selbst bei hinreichendem Tatverdacht niemand inhaftiert oder weiter in Haft behalten werden darf, wenn er eine geeignete Kaution entsprechend der im Gesetz festgelegten Modalitäten leistet.

Unter der Regentschaft von Pedro II wurde 1832 die Kaiserliche Strafprozessordnung in Kraft gesetzt, deren Artikel 175 bestimmte, dass Angeklagte auch ohne hinreichenden Tatverdacht in Haft genommen werden können, wenn ihnen ein Verbrechen zu Last gelegt wird, für das eine Sicherheitsleistungszahlung nicht zulässig ist. In allen Fällen, mit Ausnahme der Flagranzfestnahme, musste der Haftbefehl jedoch von einer zuständigen Behörde ausgestellt werden. Nach Ende der Monarchie und Proklamation der Republik im Jahre 1891, wurde noch im gleichen Jahr die zweite brasilianische Verfassung in Kraft gesetzt. Die verfassungsmäßige Ordnung wurde zum Teil beibehalten und die Bundesstaaten erhielten Autonomie bei der Gesetzgebung im Prozessrecht.[105] Trotzdem haben einige Bundesstaaten wie São Paulo, Mato Grosso, Alagoas, Pará und Goiás die Kaiserliche Strafprozessordnung beibehalten und auch jene Bundesstaaten, die eigene Strafprozessordnungen schufen, haben sich nach dem bis dahin gültigen Modell gerichtet.[106]

Einzig der Bundesstaat Rio Grande do Sul machte eine Ausnahme, denn kein anderer Bundesstaat hat mit der Strafprozessordnung dieses Bundesstaates vergleichbare Bestimmungen eingeführt.[107] Artikel 194 zum Beispiel bestimmte, dass Untersuchungshaft bei Tötungsverbrechen und schwerer Körperverletzung angeordnet werden muss, es sei denn, diese Taten wurden in Notwehr oder fahrlässig begangen. Haft konnte auch bei Angriffen

---

104 *Mendes, Gilmar Ferreira; Coelho, Inocêncio Mártires; Branco, Paulo Gustavo Gonet*: Curso de Direito Constitucional, S. 183.
105 *Wedy, Miguel Tedesco*: Eficiência e Prisões Cautelares, S. 41.
106 *Cruz, Rogerio Schietti Machado*: Prisão Cautelar – Dramas, Princípios e Alternativas. S. 36.
107 *Wedy, Miguel Tedesco*: Eficiência e Prisões Cautelares, S. 41.

auf das Eigentum angeordnet werden, wenn die angedrohten Strafe vier Jahre Freiheitsentzug überstieg oder wenn der Beschuldigte während des Strafverfahrens eine neue Straftat beging, den Geschädigten bedrohte oder versuchte, die Zeugen zu bestechen oder einzuschüchtern.[108] Wegen des autoritären Charakters der Maßnahmen, hat damals das brasilianische Bundesverfassungsgericht die genannten Bestimmungen für verfassungswidrig erklärt, denn sie kollidierten mit anderen Bundesnormen, die zum Beispiel dem Erforderlichkeitsprinzip entsprachen.[109]

Nach der Revolution von 1930 und dem Machtantritt von Getúlio Vargas[110] noch im gleichen Jahr,[111] wurde 1934 die dritte brasilianische Verfassung verkündet.[112] Diese Verfassung bestimmte in Artikel 113 Nr. 21, dass niemandem die Freiheit entzogen werden darf, es sei denn, er wird auf frischer Tat betroffen oder es gibt für die im Gesetz genannten Fälle eine schriftliche Anordnung durch die zuständige Behörde. Eine freiheitsentziehende Maßnahme war unverzüglich dem zuständigen Richter anzuzeigen, der diese aufhob, sollte sie nicht gesetzeskonform sein oder, wenn sie rechtmäßig war, die Maßnahme bestätigte. Nr. 22 des gleichen Artikels bestimmte, dass niemandem die Freiheit entzogen werden darf, wenn er in den vom Gesetz vorgesehenen Fällen eine geeignete Sicherheitsleistung stellt. Der Rückschritt wurde jedoch deutlich, als Getúlio Vargas am 10. Dezember 1937 den Nationalkongress auflöste, eine Diktatur errichtete und gleichzeitig eine neue Verfassung verkündete.[113]

Mit der Absicht, den Umsturz von 1930 zu verwirklichen und inspiriert von der Verfassung Polens vom 23. April 1935 — dadurch hat sie den Beinamen „die Polnische" bekommen — und auch inspiriert vom

---

108 *Ebd.*, S. 41.
109 *Barros, Romeu de Campos*: Processo Penal Cautelar, S. 175 und 176.
110 *"Nach seiner Machtergreifung im Oktober 1930 war Getúlio Vargas fünfzehn Jahre lang nacheinander Kopf einer provisorischen Regierung, indirekt gewählter Präsident und Diktator. Nach seiner Amtsenthebung 1945 wurde er 1950 wieder vom Volk gewählt, hat sich aber 1954, noch vor dem Ende seiner Mandatszeit, das Leben genommen".* Boris, Fausto: História do Brasil, S. 331.
111 *Boris, Fausto*: História do Brasil, S. 331.
112 *Mendes, Gilmar Ferreira; Coelho, Inocêncio Mártires. Branco; Paulo Gustavo Gonet*: Curso de Direito Constitucional, S. 189.
113 *Boris, Fausto*: História do Brasil, S. 364.

faschistischen Gedankengut Hitlers und Mussolinis und auch vom ständestaatlichen Gedankengut des portugiesischen Estado Novo,[114] wurden in der Verfassung von 1937 die Rechte auf Mitteilung über die Inhaftierung und auf eine Sicherheitsleistung abgeschafft.[115] Artikel 122 Nr. 11 hatte in seiner Originalfassung noch bestimmt, dass mit Ausnahme der Festnahme in flagranti und außer in den im Gesetz aufgeführten Fällen eine Inhaftierung nur zulässig war, nachdem der Richter das Verfahren an das Geschworenengericht weitergegeben hatte *(pronúncia do indiciado)*. Auch durfte niemand ohne rechtskräftige Verurteilung inhaftiert werden, es sei denn, durch die zuständige Behörde auf Grund gesetzlicher Vorschriften und in der vom Gesetz vorgegebenen Form. Die Strafermittlung folgte dem kontradiktorischen System, wo die notwendigen Verteidigungsmöglichkeiten vor und nach der Verurteilung gesichert waren.

Trotz des demokratischen Anscheins von Artikel 122 Nr. 11 hat Getúlio Vargas in einem autoritären Umfeld am 3. Oktober 1941 den Gesetzeserlass 3.689 ausgefertigt, durch den eine neue Strafprozessordnung für das gesamte Landesgebiet in Kraft gesetzt wurde. Zur Untersuchungshaft schreibt Rogério Schietti, dass "man versucht hat, sich von den „engen Beschränkungen" für ihre Zulässigkeit zu befreien, und festgelegt wurde, dass sie immer dann zulässig ist, wenn es für die öffentliche Ordnung, die Strafermittlung oder die effektive Anwendung des Strafgesetzes notwendig ist".[116] Das Gesetz hat die *obligatorische Untersuchungshaft* für solche Straftäter eingeführt, bei denen die Höchststrafe zehn oder mehr Jahre betrug.[117] 1942 wurde der Erlass Nr. 10.358 verkündet, durch den Artikel 122 Nr. 11 aus der Verfassung von 1937 gestrichen wurde.

Nach der Abdankung von Getúlio Vargas 1945[118] wurde noch am 2. Dezember des gleichen Jahres eine verfassungsgebende Versammlung gewählt. Diese nahm am 2. Februar 1946 ihre Arbeit auf und setzte damit

---

114 *Mendes, Gilmar Ferreira; Coelho, Inocêncio Mártires; Branco, Paulo Gustavo Gonet*: Curso de Direito Constitucional, S. 191.
115 *Wedy, Miguel Tedesco*: Eficiência e Prisões Cautelares, S. 42.
116 *Cruz, Rogerio Schietti Machado*: Prisão Cautelar – Dramas, Princípios e Alternativas. S. 36.
117 *Ebd.*, S. 36.
118 *Boris, Fausto*: História do Brasil, S. 331.

der Diktatur ein Ende.[119] Die demokratische Verfassung von 1946 stützt sich im Wesentlichen auf den Text der Verfassung von 1934.[120] Ziel war es, die grundlegenden Rechte des Beschuldigten wieder herzustellen. Artikel 141 Abs. 21 bestimmte nun, dass die Inhaftierung oder Festnahme einer Person unverzüglich dem zuständigen Richter mitzuteilen ist, der diese Maßnahme aufheben würde, sollte sie gesetzwidrig sein und, in den vom Gesetz vorgesehenen Fällen, würde er die Maßnahme bestätigen. Wie schon in der Verfassung von 1934 enthalten, wurde nun wieder das Recht auf Sicherheitsleistung und, außer im Fall von Flagranzfestnahme, die Notwendigkeit eines von der zuständigen Behörde ausgestellten schriftlichen Haftbefehls eingeführt.[121]

Diese Verfassung blieb in Kraft, bis 1967 die sechste Verfassung der brasilianischen Geschichte verabschiedet wurde, die auf einem Entwurf basierte, der in aller Eile vom Präsidenten der Republik, Castelo Branco, vorgelegt wurde. Castelo Branco hatte die Unterstützung der Streitkräfte und hätte, wenn nötig, sogar den Nationalkongress schließen können.[122] Mit dem Umsturz von 1964 ist die Militärregierung an die Macht gekommen, die alsbald anfing, die Rechtsverhältnisse im Land mittels so genannter Institutioneller Verordnungen (*Atos Institucionais*) zu ändern.[123] Die neue Verfassung, die aufgrund der Institutionellen Verordnung Nr. 4 "erlassen wurde", beinhaltete im Wesentlichen die gleichen Rechte für den Beschuldigten, die auch die demokratische Verfassung von 1946 enthielt. Hervorzuheben sind folgende: das Recht, eine Sicherheitsleistung zu stellen; niemandem darf ohne schriftlichen Haftbefehl der zuständigen Behörde, mit Ausnahme der Flagranzfestnahme, die Freiheit entzogen werden; die Pflicht, unverzüglich einen Richter zu benachrichtigen, der einen gesetzwidrigen Freiheitsentzug aufzuheben hat.[124]

---

119 *Mendes, Gilmar Ferreira; Coelho, Inocêncio Mártires; Branco, Paulo Gustavo Gonet*: Curso de Direito Constitucional, S. 194.
120 *Ebd.*, S. 194.
121 Brasilianische Verfassung von 1946: Artikel 146, Nr. 20 und 21.
122 *Mendes, Gilmar Ferreira; Coelho, Inocêncio Mártires; Branco, Paulo Gustavo Gonet*: Curso de Direito Constitucional, S. 197.
123 *Boris, Fausto*: História do Brasil, S. 465.
124 Brasilianische Verfassung von 1967. Artikel 150, Nr. 12.

Einige Monate nach der Verabschiedung der Verfassung von 1967 kam es durch das Gesetz Nr. 5.349/1967 zu der vielleicht einschneidendsten Änderung der Strafprozessordnung von 1941: die Abschaffung der *obligatorischen Untersuchungshaft*, die bis dato in Artikel 312 der Strafprozessordnung verankert war.[125] Obwohl die gleichen Rechte wie in der Verfassung von 1946 zugesichert waren, hat das Militärregime in der Praxis grundlegende Rechte verletzt. Das geschah vor allem durch willkürliche Verhaftungen zum Erlangen von Geständnissen, in der Regel durch Folter.[126] Mit der *Institutionellen Verordnung Nr. 5* von 1968 und der darauf folgenden Schaffung des Gesetztes zur nationalen Sicherheit von 1969 (*Lei de Segurança Nacional*), wurden die letzten Freiheiten, die noch in der Rechtsordnung des Landes verblieben waren, komplett abgeschafft; die Todesstrafe wurde eingeführt; es kam tausendfach zu Verhaftungen und zur Aufhebung parlamentarischer und gewerkschaftlicher Mandate; das Recht auf *habeas corpus* wurde aus der Rechtsordnung verbannt.[127]

Im Jahre 1977, als die *Institutionelle Verfügung Nr. 5* kaum noch Bedeutung hatte, wurde durch das Gesetz 6.416 eine neue Fassung des Artikels 313 in die Strafprozessordnung eingeführt. Danach wurde es zulässig, Untersuchungshaft bei Straftaten mit Vorsatz anzuordnen, die mit Freiheitsentziehung bedroht sind und wenn der Beschuldigte ein Landstreicher ist oder es Zweifel an seiner Identität gibt und er an der Feststellung seiner Identität nicht mitwirkt. Auch war die Anordnung von Haft dann möglich, wenn der Angeklagte wegen eines anderen vorsätzlich begangenen Verbrechens bereits rechtskräftig verurteilt worden war. Im Oktober 1978 hat der Nationalkongress die Verfassungsänderung Nr. 11 beschlossen, wodurch die in die Verfassung eingefügte *Institutionelle Verfügung* Nr. 5 aufgehoben und

---

125 *Filho, Antônio Magalhães Gomes; Prado, Geraldo; Badaró, Gustavo Henrique; Moura, Maria Thereza Rocha de Assis; Fernandes, Og*: Medidas Cautelares no Processo Penal, Prisões e suas alternativas, Comentários à Lei 12.403, de 04.05.2011, S. 34.
126 *Wedy, Miguel Tedesco*: Eficiência e Prisões Cautelares, S. 42. *Cruz, Rogerio Schietti Machado*: Prisão Cautelar – Dramas, Princípios e Alternativas. S. 42.
127 *Cruz*, Marcelo Santa: Coragem: a advocacia criminal nos anos de chumbo, Advogado dos direitos humanos, S. 138.

das *habeas corpus* wieder eingeführt wurde.[128] Das Militärregime existierte unterdessen bis zum Jahre 1985.

Nach Wiederherstellung der demokratischen Ordnung wurde am 5. Oktober 1988 die siebente brasilianische Verfassung verabschiedet. Sie gibt den grundlegenden Rechten breiten Raum, sichert den Beschuldigten in der Phase der polizeilichen Ermittlungen und im Erkenntnisverfahren in Artikel 5 zu, a) dass niemand inhaftiert wird, es sei denn er wird auf frischer Tat betroffen oder es liegt ein schriftlicher und begründeter Haftbefehl einer zuständigen Gerichtsbehörde vor; Ausnahmen sind Übertretungen nach den Militärgesetzen und im Gesetz aufgeführte Militärverbrechen; b) dass über die Festnahme einer Person und über deren Aufenthaltsort unverzüglich der zuständige Richter zu unterrichten ist und ihrer Familie oder einer anderen von ihr bestimmten Person Mitteilung zu machen; c) dass der Festgenommene über seine Rechte belehrt wird; dazu gehört das Recht zu schweigen, das Recht, Unterstützung durch die Familie anzufordern und das Recht auf einen Anwalt; d) das Recht auf Information über die Personen, die für die Inhaftierung oder für die polizeiliche Vernehmung verantwortlich sind; e) Entlassung durch die Justizbehörde bei gesetzwidriger Inhaftierung; f) dass niemand inhaftiert oder in Haft behalten werden darf, wenn das Gesetz die einstweilige Freilassung mit oder ohne Stellung einer Sicherheitsleistung zulässt.

Wenn die geltende Strafprozessordnung auch aus dem Jahre 1941 stammt, der Zeit eines diktatorischen Regimes, so wurden im Verlauf der Zeit zahllose Änderungen eingebracht, besonders nach 1988, um sie an die neue verfassungsmäßige Realität anzupassen. Heutzutage besitzt Brasilien eine Strafprozessordnung, die durch die demokratische Verfassung des Landes gestützt wird und die solche Prinzipien wie Unschuldsvermutung, Verteidigung und Rechtsmittel, Öffentlichkeit und das Beschleunigungsprinzip enthält. Im Jahre 2011 wurden durch das Gesetz Nr. 12.403 die Rechtsnormen zur Untersuchungshaft deutlich geändert. Schließlich bleibt anzumerken, dass zur jetzigen Zeit über einen Entwurf des Gesetzes Nr. 156/2009 verhandelt wird, welches die Strafprozessordnung von 1941 komplett reformieren soll. Im Dezember 2010 wurde das Gesetz

---

128   *Boris, Fausto*: História do Brasil, S. 493 und 494.

vom Bundessenat verabschiedet und in die Abgeordnetenkammer zur Abstimmung weitergeleitet. Zu den wichtigsten Neuerungen gehört die Untersuchungshaft im besonders schweren Fall der Tat oder bei Wiederholungstaten. Der Entwurf schreibt auch explizit fest, dass die Einforderung der Untersuchungshaft durch die erregte Öffentlichkeit *für sich allein* die Anordnung einer solchen nicht rechtfertigt. Außerdem wurde eine Höchstdauer für die Untersuchungshaft festgelegt, die in der Regel, je nach Fall, 180 bis 360 Tage betragen kann.

II. Erläuterung des Begriffes und der Zeitpunkt der Anordnung

Im brasilianischen Recht gibt es insgesamt sechs verschiedene Arten der so genannten *vorsorglicher Haft (prisão cautelar)*.[129] Dazu wird die Untersuchungshaft gerechnet, die in Titel IX Kapitel III StPO geregelt wird. Sie ist per Definition eine vorsorgliche Freiheitsentziehungsmaßnahme, um die Durchführung des Ermittlungs- u. Strafprozesses sicherzustellen und zwar in Bezug auf die Ermittlungen, die öffentliche Sicherheit und die Bestrafung.[130] Nach Artikel 311 darf Untersuchungshaft in jeder Phase der polizeilichen Ermittlungen und des Erkenntnisverfahrens angeordnet werden. Der Haftbefehl kann von folgenden Prozessbeteiligten beantragt werden: a) Staatsanwaltschaft; b) Privatkläger;[131] c) Nebenkläger. Von Amts wegen darf der Richter nur während des Erkenntnisverfahrens die Haft

---

129 Es gibt nach dem brasilianischen Recht folgende Arten von vorsorglicher Inhaftierung: a) einstweilige Inhaftierung (*prisão temporária*); b) Flagranzfestnahme (*prisão em flagrante*); c) Untersuchungshaft (*prisão preventiva*); d) Haft durch Richterentscheid vor dem Hauptverfahren vor dem Geschworenengericht stattfindet (*prisão decorrente de pronúncia*); e) Haft durch Verurteilung (*prisão em decorrência sentença condanatória recorrível*); f) Erzwingungshaft für Angeklagte, Opfer, Zeugen, Gutachter oder andere Personen, die sich ungerechtfertigt weigern, vor Gericht oder bei der Polizei zu erscheinen (*condução coercitiva do réu, vítima, testemunha, perito ou de outra pessoa que recuse, injustificadamente, a comparecer em juízo ou na polícia*). *Nucci, Guilherme de Souza*: Manual de Processo Penal e Execução Penal, S. 587.
130 *Nucci, Guilherme de Souza*: Prisão e Liberdade – De acordo com a Lei 12.403/2011, S. 85.
131 In diesem Fall wird die Klage nicht von der Staatsanwaltschaft sondern direkt von der interessierten Partei erhoben.

anordnen – während der polizeilichen Ermittlungen ist ihm das verwehrt. Nach der Strafprozessordnung hat auch die Polizei das Recht, die Untersuchungshaft zu beantragen.

In der durch Gesetz 12.403/2011 eingeführten Neufassung darf nun auch der Nebenkläger Untersuchungshaft für den Beschuldigten beantragen. Bevor dieses Gesetz in Kraft trat, konnte der Geschädigte Untersuchungshaft nur bei einer privaten Strafklage beantragen.[132] Das heißt, in den Fällen, in denen die Strafklage per Gesetz ausschließlich dem Geschädigten zusteht. Durch diese Änderung ist der Geschädigte als Nebenkläger nun auch bei amtlicher Strafklage antragsberechtigt, wo bisher nur die Staatsanwaltschaft antragsberechtigt war,[133] die Untersuchungshaft für den Beschuldigten zu beantragen.

Eine weitere wichtige Änderung, die durch das Gesetz Nr. 12.403 eingeführt wurde ist, dass es dem Richter während der polizeilichen Ermittlungen nicht erlaubt ist, von Amts wegen Untersuchungshaft anzuordnen. Man kann sagen, dass der Gesetzgeber den Akkusationsprozess besonders gestärkt hat.[134] Da es im brasilianischen Strafgesetz die Funktion eines Haftrichters nicht gibt, hat das Gesetz den Akkusationsprozess gestärkt, indem verhindert wird, dass der Richter, der das Urteil sprechen wird, schon in der Phase der polizeilichen Ermittlungen auf eigene Initiative, ohne eine entsprechenden Anstoß von Seiten der Anklage, Untersuchungshaft anordnet. Seit der Reform kann der Richter also während der polizeilichen Ermittlungen nur einen Untersuchungshaftbefehl ausstellen, wenn es einen Antrag von der Staatsanwaltschaft, dem Nebenkläger, dem Privatkläger oder auch von Seiten der Polizeibehörden gibt. Wurde jedoch Anklage erhoben, ist der Richter befugt, Untersuchungshaft unabhängig von Anträgen anderer Parteien anzuordnen.

---

132 Typische Beispiele für eine Privatklage in der brasilianischen Rechtsordnung sind: Verleumdung (Art. 138), üble Nachrede (Art. 139) und Beleidigung (Art. 140) Strafgesetzbuch.
133 Typische Beispiele für eine öffentliche Klage in der brasilianischen Rechtsordnung sind: Tötungsverbrechen (Art. 121), Abtreibung (Art. 124) und Raub (Art. 157) Strafgesetzbuch.
134 *Rangel, Paulo*: Direito Processual Penal, S. 794.

III. Die Voraussetzungen für die Anordnung der Untersuchungshaft

Artikel 312 der Strafprozessordnung legt fest, unter welchen Voraussetzungen die Anordnung von Untersuchungshaft zulässig ist. Um einen Untersuchungshaftbefehl auszustellen, muss der Richter prüfen, ob die Merkmale *Rauch des begangenen Verbrechens (fumus commissi delicti)* und *Gefahr bei Freiheit des Beschuldigten (periculum libertatis)* zutreffend sind. Der Grundsatz *fumus commissi delicti* enthält zwei kumulativ zu erfüllende Bedingungen: a) der Beweis, dass eine Straftat begangen wurde und b) das Vorhandensein ausreichender Indizien dafür, dass der Beschuldigte die Tat begangen hat. Der Grundsatz *periculum libertatis* enthält alternative Bedingungen, nämlich: a) die Sicherstellung der öffentlichen Ordnung (*garantia da ordem pública*); b) die Sicherstellung der wirtschaftlichen Ordnung (*garantia da ordem econômica*); c) Sicherstellung des Ermittlungs- und Erkenntnisverfahrens (*conveniência da instrução criminal*); d) die Sicherstellung der Anwendung des Strafgesetzes (*garantia da aplicação da lei penal*).[135] Das bedeutet, für die Rechtmäßigkeit einer Untersuchungshaftanordnung müssen notwendigerweise die beiden Teilbedingungen des Grundsatzes *fumus commissi delicti* sowie eine oder mehrer Teilbedingungen des Grundsatzes *periculum libertatis* gegeben sein.

1. Sachliche Voraussetzungen

a) Fumus Commissi Delicti

Der Beweis, dass ein Verbrechen begangen wurde ist die Gewissheit, dass es eine Straftat gab. Das bedeutet, wenn es ernsthafte Zweifel daran gibt, ob überhaupt eine Straftat begangen wurde, kann keine *vorsorgliche Haft* angeordnet werden, weil ja auch die Unschuldsvermutung gilt.[136] In diesem Fall muss es ein Mindestmaß an Beweisen in den Prozessakten dafür geben, dass ein im Strafgesetz angeführter Tatbestand erfüllt ist. Als Beispiel könnte man dazu nennen: einen *corpus delicti*, einen Totenschein, die Aussage eines geeigneten Zeugen, einen Alkoholtest oder eine andere Form des Beweises für das Vorliegen einer Straftat.

---

135 *Rangel, Paulo*: Direito Processual Penal, S. 795, 796 und 798.
136 *Nucci, Guilherme de Souza*: Manual de Processo Penal e Execução Penal, S. 621.

Die *Ausreichende Indizien dafür, dass eine Straftat vom Beschuldigten begangen wurde* heißt nicht, dass es kein unerschütterliche Beweise dafür gibt, dass der Beschuldigte, die Tat begangen hat.[137] Mit anderen Worten, der Richter fällt kein endgültiges Urteil, sondern er geht davon aus, dass der Beschuldigte mit hoher Wahrscheinlichkeit die Straftat begangen hat. Es muss also sichergestellt sein, dass in der ohne rechtskräftiges Urteil zu inhaftierende Person vernünftige Gründe dafür vorliegen, dass sie der Täter ist.[138]

b) Periculum Libertatis

aa) Die Sicherstellung der öffentlichen Ordnung (Garantia da ordem pública)

Der Haftgrund *Sicherstellung der öffentlichen Ordnung*, so die Lehre, bietet den größten Spielraum bei der Abwägung der Haftgründe für die Untersuchungshaft.[139] Dieser Haftgrund geht von der unverzichtbaren Notwendigkeit aus, die Ordnung in der Gesellschaft aufrechtzuerhalten und in der Regel wird diese Ordnung durch die Verübung einer Straftat gestört.[140] Unter öffentlicher Ordnung versteht man sozialen Frieden und soziale Ruhe. Wenn also der Beschuldigte in Freiheit weiterhin Straftaten beginge, käme es zu einer Störung der sozialen Ordnung und somit ist es notwendig, soweit die anderen Voraussetzungen gegeben sind, Untersuchungshaft anzuordnen.[141] Die Sicherstellung der öffentlichen Ordnung kann durch folgende Faktoren konkreter eingeschätzt werden: a) die konkrete Schwere der Tat; b) die gesellschaftlichen Auswirkungen; c) die Gefährlichkeit des Täters.[142]

Die Schwere der Tat darf nicht abstrakt begriffen werden, sondern sie muss konkret bestehen. Die brasilianische Rechtsprechung ist der recht milden und friedfertigen Auffassung, dass man aus der abstrakten Schwere der Tat – nur ausgehend von den Elementen des Tatbestandes und gelöst

---

137 *Rangel, Paulo*: Direito Processual Penal, S. 798.
138 Nucci, Guilherme de Souza: Manual de Processo Penal e Execução Penal, S. 621.
139 *Ebd.*, S. 621.
140 *Ebd.*, 621.
141 *Rangel, Paulo*: Direito Processual Penal, S. 796.
142 *Nucci, Guilherme de Souza*: Manual de Processo Penal e Execução Penal, S. 622.

von allen anderen konkreten und individuellen Elementen – nicht *per se* die Zulässigkeit von Untersuchungshaft ableiten kann.[143] Es ist also nicht ausreichend, einfach nur darzulegen, dass die begangenen Straftat schwer sei, wie zum Beispiel ein Tötungsverbrechen oder Drogenhandel, sondern es müssen die konkreten Umstände des Falls angegeben werden, die die Notwendigkeit zeigen, dass die Untersuchungshaft des Beschuldigten aufrechtzuerhalten ist. Ein typischer Fall ist der Drogenhandel, wenn verschiedene Arten Drogen und in großer Menge sichergestellt wurden.[144]

Die Rechtsprechung muss auch den *modus operandi* der Tat berücksichtigen, um die schwere der Tat aufzuzeigen und damit die Notwendig der Untersuchungshaft zu begründen,[145] denn auch die Art der Tatbegehung ist ein wesentliches Kriterium bei der Frage nach der Aufrechterhaltung der öffentlichen Ordnung. Das spielt vor allem eine Rolle, wenn Verbrechen mit großer Grausamkeit, wie zum Beispiel der Zerstückelung des Opfers, oder planvoll und vorsätzlich begangen wurden.

Ein anderer wichtiger Punkt ist die Frage, ob die gesellschaftlichen Auswirkungen oder die öffentliche Erregung über die begangene Straftat die Glaubwürdigkeit der Justiz in Frage stellen können, wenn von den Justizbehörden nicht umgehend und wirksam darauf reagiert wird. Allerdings ist es überhaupt fraglich, ob die gesellschaftlichen Auswirkungen oder die öffentliche Erregung die *Glaubwürdigkeit der Institutionen (credibilidade das instituições)* erschüttern und somit als Argument für die Anordnung von Untersuchungshaft gelten können. Die Rechtsprechung des brasilianischen Bundesverfassungsgerichtes ist zu dieser Frage uneinheitlich und es gibt keinen Konsens. Diese Frage wird unter anderem in *habeas corpus* Nr.85.298/SP aufgeworfen, wo das Gericht entschieden hat, dass ein schwerer Angriff auf die Glaubwürdigkeit der Institutionen durchaus einen geeigneten Grund darstellen kann, um – unter besonderer Berücksichtigung

---

143 *Das brasilianische Bundesverfassungsgericht (Supremo Tribunal Federal)*: Habeas Corpus Nr. 95460/SP; *Der brasilianische Bundesgerichtshof (Superior Tribunal de Justiça)*: Habeas Corpus Nr. 24034/SP 2008/0150171-5

144 *Der brasilianische Bundesgerichtshof (Superior Tribunal de Justiça)*: Recurso Ordinário em Habeas Corpus Nr. 40292/MG.

145 *Das brasilianische Bundesverfassungsgericht (Supremo Tribunal Federal)*: Habeas Corpus Nr. 119630 /AL.

der Auswirkungen des konkreten Falls auf die öffentliche Ordnung – Untersuchungshaft anzuordnen.[146]

Im Gegensatz zu dieser Position hat das Gericht in *habeas corpus* Nr. 80719/SP die Auffassung vertreten, dass der Einwand, der Angeklagte verfüge über eine privilegierte ökonomische und finanzielle Position und müsse deswegen zur Sicherung der Glaubwürdigkeit der Institutionen und der Aufrechterhaltung der öffentlichen Ordnung in Haft behalten werden, juristisch nicht als Rechtfertigung für die ausnahmsweise die Anordnung der Untersuchungshaft geeignet ist. In die gleiche Richtung wurde in einem anderen Fall entschieden, dass die öffentliche Erregung und die Glaubwürdigkeit der Institutionen *für sich allein* die Anordnung der Untersuchungshaft nicht rechtfertigen.[147] Trotz der vorhandenen Kontroverse stellt das Bundesverfassungsgericht in seiner Rechtsprechung fest, dass die öffentliche Erregung nicht mit der Berichterstattung der Medien über die vermutliche Straftat verwechselt werden darf.[148]

Die Lehre ist sich einig, dass die reine Sensationslust der Medien, die die Gesellschaft aufwühlt, die Anordnung von Untersuchungshaft nicht rechtfertigt.[149] Die öffentliche Ordnung muss *offenkundig* gestört sein, damit der Richter unter Berücksichtigung der gesellschaftlichen Auswirkungen der Straftat Untersuchungshaft in Erwägung ziehen kann. Es ist üblich, dass die Medien über eine Straftat berichten nachdem sie begangen wurde. Der Richter muss zwischen der Aufbauschung der Tat in den Medien, die die Gesellschaft in Aufregung versetzen wollen, und der ernsten und konkreten Störung, die in der Bevölkerung nach der Begehung der Straftat entstanden ist, unterscheiden. Aus einer Berichterstattung in breitem Umfang folgt nicht die *Störung der öffentlichen Ordnung*. Im Gegenteil, wenn das so wäre,

---

146 *Das brasilianische Bundesverfassungsgericht (Supremo Tribunal Federal)*: Habeas Corpus Nr. n°92148/PR; 89090/GO; 88476/DF.
147 *Das brasilianische Bundesverfassungsgericht (Supremo Tribunal Federal)*: Habeas Corpus Nr. 82832/DF; 91018/GO; 93315/BA.
148 *Das brasilianische Bundesverfassungsgericht (Supremo Tribunal Federal)*: Habeas Corpus Nr. 111244/SP; 80472/PA; 79781/SP.
149 *Filho, Fernando da Costa Tourinho*: Manual de Processo Penal, S. 687. *Nucci, Guilherme de Souza*: Manual de Processo Penal e Execução Penal, S. 622. *Pacelli, Eugênio*: Curso de Processo Penal, S. 559.

dann würde diese Vorrausetzung vom Verhalten der Medien abhängen.[150] In einer Zusammenfassung dieses Gedankens hat der Bundesgerichtshof entschieden, dass wenn öffentliche Erregung die Anordnung von Maßnahmen zur Sicherstellung der öffentlichen Ordnung rechtfertigen soll, dann muss diese Empörung spontan und unvermittelt entstehen und sich in der Bereitschaft zum Aufbegehren der Massen gegen die die Gesellschaft erschütternde Tat zeigen.[151]

Ein weiterer Faktor, der in der Lehre und von der Rechtsprechung bei der Frage nach der Aufrechterhaltung der öffentlichen Ordnung berücksichtigt wird, ist die Gefährlichkeit des Täters. Diese ist in der Regel gegeben, wenn der Täter weiterhin uneinsichtig unerlaubte Handlungen solcher Art begeht, dass die Anordnung der Untersuchungshaft zur Aufrechterhaltung der öffentlichen Ordnung notwendig ist bzw. wenn es eine hohe Wahrscheinlichkeit gibt, dass der Beschuldigte bei seiner Freilassung die unerlaubten Handlungen wieder aufnehmen wird.[152] Die Gefährlichkeit des Täters kann sich auch aus seiner Beteiligung an einer umfangreichen kriminellen Organisation ergeben.[153] Somit ist die Anordnung der Untersuchungshaft rechtmäßig, wenn die Rückkehr des Beschuldigten in die Gesellschaft ungeeignet ist, weil sich die Gefahr von Wiederholungstaten abzeichnet oder weil der Beschuldigte Bestandteil einer kriminellen Vereinigung zur Begehung von Straftaten ist.

Unter bestimmten Umständen müssen jedoch nicht alle drei Merkmale (konkrete Schwere der Tat, gesellschaftliche Auswirkungen und Gefährlichkeit des Täters) vorliegen, um Untersuchungshaft mit dem Argument der Sicherung der öffentlichen Ordnung zu rechtfertigen.[154] Guilherme de Souza Nucci weist darauf hin, dass manchmal auch ein Ersttäter (ohne Vorstrafen) in U-Haft genommen werden kann, weil er ein besonders schweres Verbrechen begangen hat, das die öffentliche Meinung schockiert (z.B.: die

---

150 *Filho, Fernando da Costa Tourinho*: Manual de Processo Penal, S. 687.
151 *Der brasilianische Bundesgerichtshof (Superior Tribunal de Justiça)*: Recurso Ordinário em Habeas Corpus Nr. 4724/PR
152 *Der brasilianische Bundesgerichtshof (Superior Tribunal de Justiça)*: Habeas Corpus Nr. 233.818/MG.
153 *Das brasilianische Bundesverfassungsgericht (Supremo Tribunal Federal)*: Habeas Corpus Nr. 98.290/SP.
154 *Nucci, Guilherme de Souza*: Manual de Processo Penal e Execução Penal, S. 622.

detailliert vorbereitete Ermordung der Eltern).[155] Und auch wenn hier der Sohn nicht gefährlich ist und es keine offensichtliche Gefahr gibt, dass er weitere Verbrechen begeht, so kann eine solche Straftat gegen die eigenen Eltern einen derartigen Abscheu in der Gesellschaft erzeugen, dass die Nichtanordnung von Untersuchungshaft den Eindruck der Straflosigkeit hervorrufen könnte, was Gewalt und Kriminalität im Allgemeinen fördern könnte und deswegen die Anordnung der U-Haft in diesem Fall unerlässlich ist.[156]

Wenn ein Richter Untersuchungshaft anordnen und als Grund die *Sicherstellung der öffentlichen Ordnung* angeben will, dann muss er alle Umstände des konkreten Falles untersuchen, also alle Punkte prüfen, die die Stabilität der öffentlichen Ordnung beeinflussen können. Auf der einen Seite ist es Aufgabe des Richters, über den sozialen Frieden zu wachen, aber auf der anderen Seite muss er die Grundrechte des Angeklagten respektieren und verhindern, dass diese, wo nicht notwendig, übermäßig eingeschränkt werden. Aus diesem Grund ist die brasilianische Rechtsprechung der Auffassung, dass nur einzelne Gründe, die zu keiner konkreten Verletzung der öffentlichen Ordnung führen, die Untersuchungshaft für den Beschuldigten nicht rechtfertigen.

bb) Die Sicherstellung der wirtschaftlichen Ordnung (Garantia da ordem econômica)

Artikel 86 Gesetz 8.884/1994 (Kartellgesetz) hat in den Artikel 312 der brasilianischen Strafprozessordnung die *Sicherstellung der wirtschaftlichen Ordnung* als Voraussetzung für die Anordnung der Untersuchungshaft eingefügt. Die Lehre besagt, dass die Sicherstellung der Wirtschaftsordnung Bestandteil der Sicherstellung der öffentlichen Ordnung ist, wobei in der Regel die gleichen schon genannten Kriterien zu beachten sind: Schwere der Tat, soziale Auswirkungen und Gefährlichkeit des Täters.[157] Der Haftgrund *Sicherstellung der wirtschaftlichen Ordnung* soll es also ermöglichen, einen Straftäter in Untersuchungshaft zu nehmen, wenn er die freie Ausübung einer wirtschaftlichen Tätigkeit stört.[158] Somit soll mit der Möglichkeit,

---

155 *Ebd.*, S. 622 und 623.
156 *Ebd.*, S. 623.
157 *Ebd.*, 623.
158 *Rangel, Paulo*: Direito Processual Penal, S. 797.

Untersuchungshaft anzuordnen, verhindert werden, dass der Täter, der für schweren Schaden an der wirtschaftlichen und finanziellen Lage eines Finanzinstituts oder Staatsorgans verantwortlich ist, in Freiheit bleibt und so der Eindruck der Straflosigkeit bei dieser Art von Straftaten entsteht.[159] Das bedeutet, dass die so genannten Wirtschaftsstraftäter (*white-collarcriminals*) mit der gleichen Strenge wie gemeine Straftäter behandelt werden müssen, denn die Beschädigung eines Finanzinstituts kann größere Auswirkungen auf das Leben anderer Menschen haben, als ein einfacher Raub oder Diebstahl.[160]

In diesem Sinne hat das brasilianische Bundesverfassungsgericht bereits einmal entschieden, dass ein hohes Ausmaß an Schaden für eine konkrete Körperschaft öffentlichen Rechts die Untersuchungshaft des Beschuldigten rechtfertigt, um so die Aufrechterhaltung der Wirtschaftsordnung sicherzustellen. In diesem konkreten Fall ging es um Veruntreuung im Amt, Betrug, aktive Korruption und Bandenbildung, wodurch der Sozialversicherung ein schwerer Schaden in Höhe von 9.389.195,84 *Real*[161] entstanden ist, was wiederum die regelmäßigen Zahlungen an die Versicherten ernsthaft gefährdete.[162] Die Lehrmeinung ist zum Teil auch der Auffassung, dass man einen Menschen, der eine enorme Summe an öffentlichen Geldern zum Schaden einer Mehrheit unterschlagen hat, nicht in Freiheit belassen kann, da sonst die Glaubwürdigkeit der Justiz offensichtlich erschüttert würde.[163]

Aber auch die Rechtsprechung des brasilianischen Bundesverfassungsgerichtes selbst schwankt in der Frage, inwieweit Untersuchungshaft in solchen Fällen angebracht ist, in denen ein besonders großer Schaden verursacht wurde. Artikel 30 Gesetz Nr. 7492/86, das Bestimmungen zu Straftaten gegen das nationale Finanzsystem enthält, besagt: „unbeschadet der Bestimmungen des Art. 312 StPO, kann für den nach diesem Gesetz

---

159 *Nucci, Guilherme de Souza*: Manual de Processo Penal e Execução Penal, S. 623.
160 *Nucci, Guilherme de Souza*: Manual de Processo Penal e Execução Penal, S. 623.
161 Der *Real* (Plural *Reais*) ist seit 1994 die Währung Brasiliens.
162 *Das brasilianische Bundesverfassungsgericht (Supremo Tribunal Federal)*: Habeas Corpus Nr. 114.841/SP.
163 *Nucci, Guilherme de Souza*: Manual de Processo Penal e Execução Penal, S. 624.

wegen einer Straftat Beschuldigten auf Grund des Umfangs des verursachten Schadens Untersuchungshaft angeordnet werden." In seiner Entscheidung *habeas corpus* Nr. 99.210/MG hat das Bundesverfassungsgericht jedoch ausgeführt, dass der Umfang des entstandenen Schadens *für sich allein* die Anordnung der Untersuchungshaft nicht rechtfertigt. Es gehöre bereits zur Rechtsprechung des Gerichtes, dass der Schadensumfang zwar Element des Tatbestandes ist, jedoch auf die Entscheidung bezüglich der Untersuchungshaft keine Auswirkungen hat.[164]

Wie man sehen kann ist – abgesehen von der offenkundigen Uneinigkeit der Rechtsprechung in der Frage des Schadensumfangs – das Kriterium *Sicherstellung der Wirtschaftsordnung* mit der Absicht geschaffen worden, auf der einen Seite zu verhindern, dass bei der Verfolgung von Straftaten, die in hohem Maße die Wirtschaftsordnung beeinträchtigen und Schäden für sehr viele Menschen verursachen, der Eindruck von Straflosigkeit hervorgerufen wird und, auf der anderen Seite, damit die Straftäter die ganze Härte des Gesetzes trifft, eben weil es sich um Wirtschaftsverbrechen handelt. Ein Teil der Rechtsprechung weist jedoch die Möglichkeit von Untersuchungshaft aus Gründen des Schadensumfangs zurück. In diese Richtung fragt die Lehre sogar, inwiefern die Voraussetzung *periculum libertatis* für die Untersuchungshaft vom Umfang des Schadens abhängt, denn die vorsorgliche Inhaftierung ist ein Instrument, um die Prozessdurchführung sicherzustellen, das heißt, um ein tauglige Ergebnis zu bekommen.[165] Die Auffassungen hierzu sind also kontrovers und hängen von der persönlichen Einstellung jedes Richters und den Umständen des konkreten Falles ab, inwiefern der Schadensumfang einen rechtfertigenden Grund für die Untersuchungshaft darstellt oder nicht.

cc) Die Sicherstellung des Ermittlungs- und Erkenntnisverfahrens (Conveniência da instrução criminal)

Die *Sicherstellung des Ermittlungs- und Erkenntnisverfahrens* (oder die *Sicherstellung der Effektivität der Strafermittlung*) ist ein Kriterium bei der Abwägung der Rechtmäßigkeit der Untersuchungshaft. So soll verhindert

---

164 *Das brasilianische Bundesverfassungsgericht (Supremo Tribunal Federal)*: Habeas Corpus Nr. 82909/PR; 86620 /PE.
165 *Filho, Fernando da Costa Tourinho*: Manual de Processo Penal, S. 691.

werden, dass der Beschuldigte in Freiheit die Beweiserhebung stört oder verhindert, indem er Opfer bedroht, Zeugen besticht, Spuren der Straftat vernichtet oder wesentliche Unterlagen für die Aufklärung des Falles zerstört.[166] Der Haftgrund *Sicherstellung der Effektivität der Strafermittlung* ist somit ein Instrument zur direkten Sicherstellung des Hauptverfahrens.[167] Trotzdem muss stichhaltig nachgewiesen werden, dass der Beschuldigte wirksame Schritte unternommen hat, um das Ermittlungsverfahren oder den Erkenntnisprozess zu behindern, damit die Untersuchungshaft keine ungerechtfertigte Willkür ist.

Die Untersuchungshaft kann in diesem Fall nicht zu dem Zweck angeordnet werden, den Beschuldigten zu zwingen oder zu bewegen, bei den Ermittlungen zu kooperieren, insbesondere nicht, belastende Beweise zu liefern.[168] Das Prinzip *nemo tenetur se detegere* (niemand muss sich selbst belasten) ist ein Grundrecht jedes Bürgers, und ganz besonders des Beschuldigten.[169] Somit hat der Täter nicht die Pflicht, mit den Behörden zur Aufklärung der Wahrheit zusammenzuarbeiten.[170] Zusammenfassend kann man also sagen, dass der Beschuldigte die Ermittlungen und die Beweisfindung nicht behindern darf, was aber nicht bedeutet, dass er kooperieren muss, das heißt, zur Aufklärung der Tat (aktiv) beitragen muss. In diese Richtung hat das brasilianische Bundesverfassungsgericht schon entschieden und gesagt, dass „die Tatsache, dass der Beschuldigte bei Befragung kein ‚Interesse an einer Zusammenarbeit mit der Justiz' zeigt,"[171] für sich allein keine geeignete Grundlage für die Anordnung der Untersuchungshaft darstellt und dass es

---

166 *Capez, Fernando*: Curso de Processo Penal, S. 343. *Filho, Fernando da Costa Tourinho*: Manual de Processo Penal, S. 688 und 689.
167 *Pacelli, Eugênio*: Curso de Processo Penal, S. 554.
168 *Gomes, Luiz Flávio*; *Marques, Ivan Luís*; *Bianchinni, Alice*; *Cunha, Rogério Sanches*; *Maciel, Silvio*: Prisão e Medidas Cautelares, Comentários à Lei 12.403, de 4 de maio de 2011, S. 159.
169 *Queijo, Maria Elizabeth*: O direito de não produzir prova contra si mesmo (o princípio *nemo tenetur se detegere* e suas decorrências no processo penal), S.54 und 55.
170 *Gomes, Luiz Flávio*; *Marques, Ivan Luís*; *Bianchinni, Alice*; *Cunha, Rogério Sanches*; *Maciel, Silvio*: Prisão e Medidas Cautelares, Comentários à Lei 12.403, de 4 de maio de 2011, S. 159.
171 *Das brasilianische Bundesverfassungsgericht (Supremo Tribunal Federal)*: Habeas Corpus n°79781/SP.

„dem Beschuldigten nicht obliegt, in irgendeiner Weise zur Aufklärung von ihn belastenden Umständen beizutragen – das alles obliegt den staatlichen Strafverfolgungsbehörden."[172]

Genauso, begründete das Verfassungsgericht, sei die Anordnung der Untersuchungshaft auf Grund der Behauptung, der Beschuldigte sei fähig, die Beweise zu verfälschen und Zeugen zu beeinflussen nicht ausreichend, solange es dafür keine konkreten Hinweise gibt. Das heißt, die Anordnung der U-Haft muss mit konkreten Störungen der Beweiserhebung begründet werden.[173] Der Richter am brasilianischen Bundesverfassungsgericht, Celso de Mello, hat in seinem Bericht zu *habeas corpus* Nr. 92751/SP die Auffassung geäußert, dass die Anordnung der Untersuchungshaft ungerechtfertigt sei, wenn sie nicht von konkreten Fakten ausgeht, die ihre Notwendigkeit rechtfertigen und sie dürfe sich dabei eben nicht auf die rein subjektive Annahme des Richters stützen, dass der Beschuldigte, so er in Freiheit bleibt, die Beweisermittlung stören könne. Er hat noch hinzugefügt, dass willkürliche, am Rande des Rechtssystems formulierte Mutmaßungen nicht schwerer wiegen dürfen als das verfassungsmäßig verbürgte Prinzip der Freiheit, das im Strafprozessrecht eine herausragende Position einnimmt.[174]

Mit Hilfe des Haftgrundes *Sicherstellung der Effektivität der Strafermittlung* hat der brasilianische Bundesgerichtshof in einer historischen Entscheidung im Jahr 2010 zum ersten Mal Untersuchungshaft für einen Gouverneur eines brasilianischen Bundesstaates angeordnet. Der damalige Gouverneur des Bundesdistriktes von Brasilien wurde wegen des Versuchs, die Strafermittlungen durch Zeugenbestechung und Ausstellung von gefälschten Urkunden, also wegen Straftaten, die in den Art. 343 und 299 Strafgesetzbuch aufgeführt sind, ins Gefängnis gebracht.[175] Bei der Überprüfung der Entscheidung des Bundesgerichtshofes, hat das Bundesverfassungsgericht den Antrag auf Haftentlassung (*habeas corpus*) des Ex-Gouverneurs des Bundesdistrikts abgewiesen und festgestellt, dass konkrete Handlun-

---

172 *Ebd.*, Habeas Corpus Nr. 79781/SP.
173 *Ebd.*, Habeas Corpus Nr. 79781/SP.
174 *Das brasilianische Bundesverfassungsgericht (Supremo Tribunal Federal)*: Habeas Corpus Nr. 92751/SP.
175 *Der brasilianische Bundesgerichtshof (Superior Tribunal de Justiça)*: Inquérito Nr. 650/DF.

gen, die von Anfang an darauf gerichtet sind, die Zeugenvernehmung zur Beweiserhebung zu beinträchtigen, zur Anordnung von Untersuchungshaft dessen führen, der als Beschuldigter darin verwickelt ist, wobei es nicht erheblich ist, dass dieser nicht direkt gehandelt hat, denn hier trifft Artikel 312 Strafprozessordnung zu.[176]

So ist Untersuchungshaft, die mit der Begründung *Sicherstellung der Effektivität der Strafermittlung* angeordnet wird, eine Vorsorgemaßnahme, deren Hauptziel es ist, das gute Vorankommen der polizeilichen Ermittlungsarbeit und des gerichtlichen Erkenntnisverfahrens zu sichern, da es nicht zulässig ist, dass der Angeklagte die Ermittlungstätigkeiten und damit die Aufdeckung der Wahrheit behindert. Nicht behindern bedeutet jedoch *nicht*, mit den Behörden zur Aufklärung der Tat zusammen zu arbeiten. Der Anklagte im brasilianischen Strafprozess hat das Recht zu schweigen und sogar zu lügen, um sich mit seiner Einlassung nicht selbst zu belasten.[177] Schließlich muss man auch hervorheben, dass reine Vermutungen, ohne konkreten Nachweis der tatsächlichen Einwirkung des Beschuldigten auf die Ermittlungsarbeiten, die Anordnung von Untersuchungshaft zur *Sicherstellung der Effektivität der Strafermittlungen* nicht rechtfertigen.

dd) Sicherstellung der Anwendung des Strafgesetzes (Garantia da aplicação da lei penal)

So wie der Haftgrund *Sicherstellung der Effektivität der Strafermittlung*, hat auch der Haftgrund *Sicherstellung der Anwendung des Strafgesetzes* (oder die *Sicherstellung, dass die Strafe verbüßt wird*) den Zweck, die polizeilichen bzw. gerichtlichen Ermittlungen sicherzustellen, damit das Verfahren zu einem brauchbaren Ergebnis kommt. Mit anderen Worten ist die Untersuchungshaft aus diesem Grund zulässig, wenn die Flucht des Täters droht und dadurch der zukünftige Vollzug der Strafe unmöglich würde.[178] Das beste Beispiel ist eine Flucht aus der Stadt oder dem Land, wodurch der Beschuldigte zeigt, dass er an einer Zusammenarbeit bei der gerechten

---

176 *Das brasilianische Bundesverfassungsgericht (Supremo Tribunal Federal)*: Habeas Corpus Nr. 102732/DF.
177 *Ebd.*, Habeas Corpus Nr. 75257/RJ.
178 *Capez, Fernando*: Curso de Processo Penal, S. 343.

Anwendung des Gesetzes überhaupt nicht interessiert ist.[179] So bekräftig die Lehre, dass wenn der Beschuldigte keinen festen Wohnsitz hat, keiner geregelten Arbeit nachgeht und es nichts gibt, was ihn an den Gerichtsbezirk bindet, dann stünde die Umsetzung des zukünftigen Urteils in Frage, sollte der Beschuldigte angesichts der Fluchtgefahr bis zum Ende des Prozesses in Freiheit bleiben.[180]

Wenn über Möglichkeiten der Anordnung einer *nichtfreiheitsentziehenden Maßnahme* (Artikel 319 StPO) entschieden wird, wenn man über die Untersuchungshaft selbst entscheidet oder man alle einschränkenden Maßnahmen gegen den Beschuldigten aufheben will, dann muss man bei der Einschätzung der Fluchtgefahr auch die Intensität und andere Besonderheiten des konkreten Falles berücksichtigen. Richtig ist, dass die vollendete Flucht des Beschuldigten aus dem Gerichtsbezirk ein geeignetes Motiv für die Anordnung oder Aufrechterhaltung der Untersuchungshaft sein kann. In diese Richtung geht auch die Rechtsprechung des brasilianischen Bundesverfassungsgerichts.[181] Das Gericht hat in seinen Entscheidungen jedoch betont, dass die bloße Vermutung, der Angeklagte könne flüchten, die Anordnung der U-Haft zur Sicherung der Anwendung des Strafgesetztes nicht rechtfertigt.[182]

Auch die bloße Tatsache, dass der Beschuldigte in guten finanziellen Verhältnissen lebt, ist keine Rechtfertigung für die Anordnung von Untersuchungshaft, auch wenn dadurch seine Fluchtchancen steigen. Die konkreten sozialen, beruflichen oder wirtschaftlichen Verhältnisse für sich allein sind kein ausreichender Grund für die Anordnung von Untersuchungshaft. Es müssen noch unbestreitbare Tatsachen dazukommen, die die Durchsetzung des Strafgesetzes gefährden und die Notwendigkeit der Maßnahme rechtfertigen.[183] Als Beispiel könnte man einen Beschuldigten nehmen, der mit gefälschten Pässen angetroffen wird, oder mit Fahrkarten zum Verlassen

---

179 *Nucci, Guilherme de Souza*. Manual de Processo Penal e Execução Penal. S. 625.
180 *Capez, Fernando*: Curso de Processo Penal, S. 343.
181 Das brasilianische Bundesverfassungsgericht (*Supremo Tribunal Federal*): *Habeas Corpus* Nr. 111604 /MT; 104934/MT; 101356/RJ; 101934/RS; 98145/RJ.
182 *Ebd., Habeas Corpus* Nr. 100430/AC; 95290/SP; 92751/SP.
183 *Ebd., Habeas Corpus* Nr. 100430/AC.

des entsprechenden Gerichtsbezirks ohne gerichtliche Genehmigung, oder er wird beim Versuch erkannt, die Landesgrenze heimlich zu passieren. Wenn man solche Tatsachen anführen kann, dann ist eine Anordnung der Untersuchungshaft rechtmäßig.

Das Gesetz Nr. 12.403/2011 hat ausdrücklich die *nichtfreiheitsentziehenden Maßnahmen* eingeführt, die dem Richter erlauben – zur Vermeidung von Untersuchungshaft und damit der Beschuldigte das Verfahren in Freiheit erleben kann – den Pass des Beschuldigten einzuziehen. Artikel 320 der Strafprozessordnung bestimmt: „Der Richter teilt den Grenzbehörden die Grenzsperre mit und der Beschuldigte wird aufgefordert, seinen Pass binnen 24 Stunden abzugeben." Wie das brasilianische Bundesverfassungsgericht zur Strafklage Nr. 470 festgestellt hat, hat diese Art von Maßnahme „die Eigenschaft, weniger stark in die Sphäre der subjektiven Rechte des Beschuldigten einzugreifen".[184] Man versucht also, die Anordnung der außerordentlichen Maßnahme *Haft* vor der rechtskräftigen Verurteilung im Hauptverfahren zu vermeiden und berücksichtigt so das Prinzip der Freiheit, was übrigens die Regel im Strafprozess ist.

Aus dem Gesagten lässt sich der Schluss ziehen, dass die polizeilichen Ermittlungen und der Strafprozess vor Gericht bis zum endgültigen Ergebnis Jahre in Anspruch nehmen kann. Diese Verfahrensweise bedeutet Arbeit von Staatsbediensteten, Verausgabung von öffentlichen Geldern und die Institutionen müssen ihre Glaubwürdigkeit vor der Gesellschaft beweisen und zeigen, dass die ganze geleistete Arbeit nicht umsonst war. Darum ist es legitim und der Rechtsordnung wesenseigen, Untersuchungshaft mit der Begründung *Sicherstellung der Anwendung des Strafgesetzes* anzuordnen. Damit die Anordnung jedoch rechtmäßig ist, muss es Tatsachen geben, die eine solche Maßnahme rechtfertigen und nicht nur Vermutungen oder Spekulationen darüber, dass der Beschuldigte fliehen könnte. Weiterhin muss geprüft werden, ob es keine andere, weniger einschneidende, Maßnahme gibt, die den Anforderungen des konkreten Falles entspricht. Schließlich ist die Untersuchungshaft eine Ausnahmemaßnahme und soll nur angewandt werden, wenn es keine milderen Mittel gibt, den Erfolg des Prozesses sicherzustellen.

---

184 *Ebd.*, Ação Penal n°470. Decisão sobre Petição Avulsa 54.546/2012.

IV. Einschränkung der Untersuchungshaft

Die Artikel 313 u. 314 der Strafprozessordnung bestimmen die Voraussetzungen, unter denen die Anordnung von Untersuchungshaft zulässig bzw. nicht zulässig ist. Artikel 313 legt fest, unter welchen Bedingungen – unter Berücksichtigung von Art. 312 Strafprozessordnung – die Anordnung der Untersuchungshaft rechtmäßig ist: a) bei vorsätzlichen Straftaten, die mit Höchststrafe von über vier Jahren Freiheitsentzug bedroht sind (Nr. I); b) wenn der Beschuldigte wegen einer anderen vorsätzlichen Straftat bereits rechtkräftig verurteilt ist, vorbehaltlich der Bestimmungen in Nr. l Art. 64 Strafgesetzbuch (Nr. II); c) um die Durchführung dringender Schutzmaßnahmen durchzusetzen, wenn bei der Straftat in häuslicher Umgebung bzw. in der Familie Gewalt gegen Frauen, Kinder, Heranwachsende, Alte, Kranke oder Behinderte angewandt wurde (Nr. III); d) wenn es Zweifel bezüglich der Identität des Beschuldigten gibt und wenn dieser nicht an seiner Identitätsfeststellung mitwirkt, wobei die Person nach der Identifizierung sofort wieder frei zu lassen ist, soweit keine anderen Umstände die Aufrechterhaltung der Maßnahme rechtfertigen (Einzelparagraph).

Nr. I stellt klar, dass die Untersuchungshaft nur bei vorsätzlichen Straftaten angeordnet werden darf, bei Fahrlässigkeit jedoch nicht. Aber selbst bei Vorsatz muss die angedrohte Höchststrafe mehr als vier Jahre betragen, um die Anordnung von Untersuchungshaft zu legitimieren. Straftaten wie Bedrohung (Art. 147 Strafgesetzbuch), auf die Freiheitsstrafe zwischen einem und sechs Monaten oder Geldstrafe steht, lässt in der Regel keine Untersuchungshaft zu. Die Nr. I ist vielleicht die weitest reichende Änderung, die durch das Gesetz Nr. 12.403/2011 vorgenommen wurde. Nr. I lässt keine Untersuchungshaft für Täter zu, die die Straftat nicht mit Absicht begangen haben, deren Gefährlichkeit für die Gesellschaft sehr gering ist und die mit geringen Strafen bedroht sind; in diesen Fällen sollen *nichtfreiheitsentziehende Maßnahmen* (Artikel 319 StPO) angeordnet werden.[185]

Es gibt aber auch Ausnahmen zu Nr. I. Die Nr. II legitimiert nämlich die Anordnung von Untersuchungshaft bei vorsätzlichen Straftaten, die mit vier Jahren oder weniger bestraft werden – unter Berücksichtigung der

---

185 *Nucci, Guilherme de Souza.* Manual de Processo Penal e Execução Penal. S. 626.

Voraussetzungen in Art. 312 Strafprozessordnung – wenn der Beschuldigte ein Wiederholungstäter ist (Art. 64 Nr. I Strafgesetzbuch) und bei rechtskräftiger Verurteilung auf Grund einer anderen vorsätzlich begangenen Straftat.[186] Nr. III sichert die Durchführung der Schutzmaßnahmen für besonders schutzbedürftige Personen wie Frauen, Kinder, Jugendliche, Alte, Kranke und Behinderte. Ein Lehrbeispiel ist der Fall einer Frau, die von Ihrem Mann angegriffen wird. In diesem Fall, wird der Angreifer (der Ehemann) inhaftiert, damit die Frau in Ruhe das Heim verlassen und die Trennung der ehelichen Lebensgemeinschaft durchsetzen kann. Noch einmal: die Anordnung der Haft hat die Durchsetzung einer dringlichen Maßnahme zum Ziel und muss nicht während der gesamten Strafermittlung fortdauern.

Das ist also eine weitere Ausnahme zu der in Art. 313 Nr. 1 festgelegten Grenze von vier Jahren. Ein Straftäter, dem leichte Körperverletzung einer Frau vorgeworfen wird, kann in Untersuchungshaft genommen werden, auch wenn die Straftat nur mit Freiheitsentzug von einem Jahr bedroht ist. Diese Auffassung wurde vom brasilianischen Bundesgerichtshof im Urteil zu *habeas corpus* Nr. 282.509/SP geäußert. Schließlich findet sich in Art. 313 eine letzte Ausnahme zu Nr. I. Art. 313 lässt die Anordnung von Untersuchungshaft für alle Arten von vorsätzlichen Straftaten zu, wenn Zweifel an der Identität des Beschuldigten bestehen, wobei die Haft – unbeschadet der Anordnung eventuell anderer *nichtfreiheitsentziehender Maßnahmen* – sofort aufzuheben ist, sobald die Identität geklärt ist.[187]

Zu den Beschränkungen für die Anordnung von Untersuchungshaft nach Art. 313 Strafprozessordnung gehört auch, dass der Richter keine Untersuchungshaft anordnen darf, wenn sich herausstellt, dass es sich um *Notstand* (*estado de necessidade*), *Notwehr* (*legítima defesa*), die *regelkonforme Ausübung eines Rechts* (*exercício regular do direito*) und die *strikte Ausübung von rechtlichen Verpflichtungen* (*estrito cumprimento do dever legal*) handelt.[188] In diesen Fällen ist der Täter, trotzdem ein Straftatbestand

---

186 *Pacelli, Eugênio*: Curso de Processo Penal, S. 560.
187 *Pacelli, Eugênio*: Curso de Processo Penal, S. 560.
188 *Nucci, Guilherme de Souza*. Manual de Processo Penal e Execução Penal. S. 627.

erfüllt ist, durch den Ausschluss der Strafbarkeit nach Art. 23 Strafgesetzbuch[189] geschützt. Schließlich würde es überhaupt keinen Sinn machen, Untersuchungshaft anzuordnen, wenn der Richter davon überzeugt ist, dass der Angeklagte im Verlaufe des Verfahrens mit hoher Wahrscheinlichkeit freigesprochen werden wird.

V. Nichtfreiheitsentziehende Maßnahmen

Bezüglich der vorsorglichen Haft gab es früher im brasilianischen Rechtssystem immer nur zwei Möglichkeiten: Haft oder Freiheit, es gab keine Abstufungen.[190] Luiz Flávio Gomes sagte, dass dem System Zwischenstufen fehlten, die dem Richter andere Mittel als nur die Haft in die Hand gegeben hätten.[191] Manchmal ist unter Berücksichtigung des Prinzips der Freiheit, der Unschuldsvermutung und der Verhältnismäßigkeit bei der Lösung eines konkreten Falles eine mildere Maßnahme gerechter und empfehlenswerter als Haft. Das Gesetz 12.403/2011 hat im Jahre 2011 dann die so genannten *nichtfreiheitsentziehenden Maßnahmen* (*medidas diversas da prisão*) in die Strafprozessordnung eingeführt. Damit sollte unter anderem die hohe Zahl an vorläufigen Gefangenen im Land zu reduziert werden.[192] Durch die Einführung der neuen, nichtfreiheitsentziehenden Maßnahmen wird die Untersuchungshaft wirklich zur *ultima ratio* und sie muss nur in den Fällen angeordnet werden, in denen sich alle anderen möglichen Maßnahmen als uneffektiv erweisen würden.[193]

Artikel 319 Strafprozessordnung zählt die *nichtfreiheitsentziehenden Maßnahmen* auf: a) regelmäßiges Erscheinen bei Gericht zu den vom Richter festgesetzten Terminen und Bedingungen um zu berichten, mit welchen

---

189 Es gibt vier Rechtfertigungsgründe, durch die keine Rechtswidrigkeit entsteht: Notstand (*estado de necessidade*), Notwehr (*legítima defesa*), die regelkonforme Ausübung eines Rechts (*exercício regular do direito*) und die strikte Ausübung von rechtlichen Verpflichtungen (*estrito cumprimento do dever legal*).
190 *Gomes, Luiz Flávio. Marques, Ivan Luís. Bianchinni, Alice. Cunha, Rogério Sanches. Maciel, Silvio*: Prisão e Medidas Cautelares, Comentários à Lei 12.403, de 4 de maio de 2011, S. 25.
191 *Ebd.*, S. 25.
192 *Ebd.*, S. 25, 26 und 27.
193 *StPO*, art. 282, §6.

Tätigkeiten der vergangene Zeitraum verbracht wurde; b) Verbot, sich an bestimmten Orten aufzuhalten, wenn dies wegen der Umstände der Tat erforderlich ist, um weitere Straftaten zu verhindern; c) Verbot, mit einer bestimmten Person in Kontakt zu treten, wenn dies wegen der Umstände der Tat geboten ist; d) Verbot, den Gerichtsbezirk zu verlassen, wenn ein Verlassen desselben die Ermittlungen beeinträchtigen oder unmöglich machen würde; e) Hausarrest während der Nachtzeit und an Feiertagen, wenn der Beschuldigte einen festen Wohnsitz und eine reguläre Arbeit hat; f) Suspendierung von einer öffentlichen Funktion oder einer entsprechenden Position im Wirtschafts- oder Finanzbereich, wenn es die gerechtfertige Befürchtung gibt, dass diese Funktion oder Position für weitere Straftaten benutzt werden könnte; g) vorläufige Unterbringung des Beschuldigten bei Straftaten mit Anwendung von Gewalt oder schwerer Bedrohung, wenn die Sachverständigen zur Schlussfolgerung kommen, dass der Beschuldigte nicht oder nur teilweise straffähig ist (Art. 26 Strafgesetzbuch) und die Gefahr einer Wiederholungstat besteht; h) Leistung einer Sicherheit bei Straftaten, wo dies zulässig ist, um das Erscheinen des Beschuldigten vor den Organen der Strafverfolgung und dem Gericht sicherzustellen, eine Störung des Verfahrensfortschrittes zu verhindern oder bei Nichterfüllung von Auflagen; i) elektronische Fußfessel.

Sollten die Voraussetzungen für die Anordnung der Untersuchungshaft nicht gegeben sein, bestimmt Artikel 321 Strafprozessordnung, dass der Richter dem Beschuldigten vorläufig die Freiheit gewähren und unter Beachtung von Geeignetheit und Erforderlichkeit eventuell andere Maßnahmen nach Artikel 319 anordnen muss. Die Lehre besagt, dass die bloße Behauptung, die Maßnahme sei geeignet (zur Sicherstellung der Anwendung des Strafgesetzes, zur Sicherstellung der Strafermittlungen, zur Vermeidung von Wiederholungsgefahr), kein ausreichender Grund ist, die Anordnung der Maßnahme zu rechtfertigen.[194] Vielmehr muss die Erforderlichkeit der alternativen Maßnahme geprüft werden. Das heißt, es müssen die Schwere und die Umstände der Tat und die persönlichen Umstände des Beschuldigten berücksichtigt werden.[195]

---

194 *Nucci, Guilherme de Souza.* Manual de Processo Penal e Execução Penal. S. 634 und 635.
195 *Ebd.*, S. 634.

Nur nach solch eingehender Überprüfung durch den Richter kann es angebracht sein, eine nichtfreiheitsentziehende Maßnahme anzuordnen, denn es handelt sich um einen Eingriff in die Freiheit des Beschuldigten und darum muss absolut jede Entscheidung in dieser Sache ausreichend begründet sein.[196] Es muss noch hervorgehoben werden, dass der Richter die Maßnahmen von Amts wegen oder auf Antrag der Parteien oder im Verlaufe des Ermittlungsverfahrens auch auf Antrag der Polizeibehörden oder der Staatsanwaltschaft anordnet.[197] Abgesehen von dringenden Fällen und bei Gefahr im Verzug, muss der Richter nach Erhalt des Antrages von Staatsanwaltschaft, Privatkläger oder Nebenkläger auf Erlass einer Maßnahme den Beschuldigten informieren, damit dieser sich vor der Entscheidung zur Sache äußern kann.[198]

Die alternativen also nichtfreiheitsentziehenden Maßnahmen können jede für sich allein oder kombiniert angewandt werden.[199] Bei Nichterfüllung einer Auflage kann der Richter von Amts wegen oder auf Antrag der Staatsanwaltschaft, des Nebenklägers oder des Privatklägers die Maßnahme durch eine andere ersetzen, eine weitere zusätzlich anordnen oder, als letzte Möglichkeit, die außerordentliche Maßnahme der Untersuchungshaft anordnen.[200] Schließlich muss noch angemerkt werden, dass der Richter die Maßnahme aufheben oder sie durch eine andere ersetzten kann, wenn es keine Gründe mehr für die Aufrechterhaltung gibt. Er kann sie aber auch erneut anordnen, sobald wieder rechtfertigende Gründe entstanden sind.[201]

VI. Aufhebung des Haftbefehls

Art. 316 Strafprozessordnung bestimmt, dass der Richter im Verlaufe des Verfahrens die Untersuchungshaft aufheben, das Fehlen von Gründen für die Aufrechterhaltung der Untersuchungshaft feststellen und die Untersuchungshaft wieder anordnen *kann*, wenn Gründe auftauchen, die dieses rechtfertigen. Auch wenn der Gesetzestext besagt, dass der Richter diese Maßnahmen ergreifen *kann*, geht es hierbei um das Recht auf Freiheit vom

---

196 *Ebd.*, S. 633 und 634.
197 *StPO*, art. 282, §2.
198 *StPO*, art. 282, §3.
199 *StPO*, art. 282, §1.
200 *StPO*, art. 282, §4.
201 *StPO*, art. 282, §5.

Standpunkt des Beschuldigten, sofern die gesetzlichen Voraussetzungen dafür gegeben sind, und darf nicht im Ermessen des Richters liegen.[202] Wenn also der Richter feststellt, dass die Voraussetzungen für die Anordnung des Haftbefehls nicht mehr fortbestehen, *muss* er die Untersuchungshaft aufheben. Wenn also trotz Fortbestehens des *fumus commissi delicti* ein *periculum libertatis* nicht mehr besteht, hat der Richter keine andere Wahl, als die Anordnung der Untersuchungshaft aufzuheben.[203] Sollte die Staatsanwaltschaft mit der Aufhebung der Untersuchungshaft nicht einverstanden sein, kann sie das sogenannte *Rechtsmittel im engeren Sinne (recurso em sentido estrito)* nach Art. 581 Nr. V Strafprozessordnung einlegen.[204]

VII. Rechtsbehelfe

Wenn ein Richter die Akten zu eine Flagranzfestnahme erhält hat er drei Möglichkeiten: den Festgenommen auf freien Fuß setzen, wenn die Festnahme unrechtmäßig war; die Flagranzfestnahme in Untersuchungshaft überführen, wenn die Voraussetzungen nach Art. 312 Strafprozessordnung gegeben sind oder den Beschuldigten mit oder ohne Festsetzung einer Sicherheitsleistung einstweilig auf freien Fuß setzen.[205] Wenn die Flagranzfestnahme in Untersuchungshaft überführt wird oder die Untersuchungshaft direkt angeordnet wird, dann gibt es für den Beschuldigten Rechtsbehelfe, um seinen *status libertatis* wiederzuerlangen. Die brasilianische Rechtsordnung gibt dem Beschuldigten zwei Instrumente zur Wiedererlangung der Freiheit in die Hand: die Beantragung von einstweiliger Freiheit[206] (*liberdade provisória*) und der *habeas corpus*.

---

202 *Rangel, Paulo*: Direito Processual Penal, S. 817.
203 *Ebd.*, S. 817.
204 *Ebd.*, S. 817.
205 *Gomes, Luiz Flávio*; *Marques, Ivan Luís*; *Bianchinni, Alice*; *Cunha, Rogério Sanches*; *Maciel, Silvio*: Prisão e Medidas Cautelares, Comentários à Lei 12.403, de 4 de maio de 2011, S. 27.
206 Der Antrag auf *einstweilige Freiheit (liberdade provisória)* ist „*ein Instrument der Prozessführung, das dem Beschuldigten das Recht zusichert, das Verfahren bis zur Rechtskraft des Urteils mit oder ohne Auflagen in Freiheit abzuwarten. Sollten die Auflagen durch den Beschuldigten nicht erfüllt werden, kann der Richter zu beliebiger Zeit die Anordnung der einstweilige Freiheit widerrufen*". *Capez, Fernando*: Curso de Processo Penal, S. 361 e 846.

Beide Rechtsinstitute sind in der Verfassung verankert. Wenn zum Beispiel eine Person während der polizeilichen Ermittlungen in Untersuchungshaft kommt, weil sie versucht hat, Zeugen zu bestechen, dann kann ihr Anwalt – sobald die Zeugen bei Gericht ausgesagt haben – bei dem Richter, der die Haft angeordnet hat, die einstweilige Freilassung beantragen, da es ja nun keine Notwendigkeit für die Inhaftierung mehr gibt. Nach den Zeugenaussagen kann der Richter auch von Amts wegen die Untersuchungshaft aufheben und einstweilige Freiheit gewähren, wenn es keinen Grund mehr für die Inhaftierung des Beschuldigten gibt. Auch nach der Gewährung der Freiheit ist der Richter nicht gehindert, die Untersuchungshaft erneut anzuordnen, wenn erneut Gründe für ihre Anordnung aufkommen (zum Beispiel, wenn der Beschuldigte jetzt den Staatsanwalt bedroht).

Des Weiteren hat der Beschuldigte die Möglichkeit, seine Freilassung nach dem *habeas-corpus*-Recht zu verlangen. Artikel 5, Nr. LXVIII der brasilianischen Verfassung besagt: „eine Freilassung nach dem *habeas-corpus*-Recht wird immer dann gewährt, wenn sich jemand unrechtmäßig durch Gewalt oder Nötigung in seiner Freiheit bedroht oder beeinträchtigt fühlt oder tatsächlich wird, sei es durch gesetzwidrige Handlungen, sei es durch Amtsmissbrauch". Wenn also der Richter Untersuchungshaft anordnet, weil er gesehen hat, dass der Beschuldigte während der polizeilichen Ermittlungen versucht hat, Zeugen zu bestechen und wenn der Richter auch nach der gerichtlichen Anhörung der Zeugen dem Antrag der Verteidigung auf einstweilige Freiheit nicht statt gibt, dann kann der Beschuldigte beim Landgericht oder beim Regionalbundesgericht (*Tribunal de Justiça* oder *Tribunal Regional Federal*) seine Freilassung nach dem *habeas-corpus*-Recht beantragen und seine Freiheit verlangen. Sollte der Antrag abgelehnt werden, gibt es die Möglichkeit, einen neuen Antrag auf Freilassung nach dem *habeas-corpus*-Recht beim brasilianischen Bundesgerichtshof einzureichen und eine erneute Abwägung des Falles zu verlangen. Wird der Antrag ein weiteres mal abgelehnt, hat der Beschuldigte noch die Möglichkeit einen letzten Antrag auf *habeas corpus* vor der obersten Instanz der brasilianischen Justizbehörden, dem Bundesverfassungsgericht, zu stellen.

D. Die Untersuchungshaft in Deutschland

I. Ein kurzer Ausflug in die Geschichte der Untersuchungshaft im deutschen Recht

Im deutschen Rechtssystem ist die Untersuchungshaft historisch gesehen mit dem Strafvollzug verbunden,[207] denn anfänglich wurde die Untersuchungshaft an dem Ort vollzogen wo auch die Strafe vollstreckt wurde.[208] Die Untersuchungshaft entstand noch vor der Einführung der freiheitsentziehenden Strafe, denn diese wurde erst im Jahr 1600 erfunden, während die Untersuchungshaft in Form der Kerkerhaft schon seit dem Mittelalter praktiziert wurde.[209] Die Lehre besagt, dass die mittelalterlichen Kerker zwar nur für kurze Aufenthalte bestimmt waren, doch wegen der summarischen Folterprozesse, bei denen es keinerlei Rechtsmittel gab, waren sie in der Regel die Vorstufe zum Grab[210] und stellten eine Form der Leibesstrafe dar.[211]

Im Jahre 1532 wurde im Heiligen Römischen Reich unter der Herrschaft von Karl V. die *Constitutio Criminalis Carolina* (kurz CCC oder Carolina) eingeführt (auf Deutsch *Halsgerichtsordnung Kaiser Karls V.*), die als das erste deutsche Strafgesetzbuch gilt.[212] Die Carolina enthielt außer den Normen des materiellen Strafrechts auch prozessuale Bestimmungen.[213] Ihr Ziel war es, das Rechtssystem im Reich zu vereinheitlichen und die örtliche Strafgerichtsbarkeit zu beenden.[214] Die Carolina kannte keine freiheitsent-

---

207 *Ostendorf, Heribert*: Untersuchungshaft und Abschiebehaft, Anordnung| Vollzug|Rechtsmittel, S. 27.
208 *Ebd.*, S. 27.
209 *Schild, Wolfgang*: AlteGerichtsbarkeit - Vom Gottesurteil bis zum Beginn der modernen Rechtsprechung, S. 210.
210 *Streng*: Ein Beitrag zur Entwicklung der Freiheitstrafe in Deutschland, S. 218.
211 *Ostendorf, Heribert*: Untersuchungshaft und Abschiebehaft, Anordnung| Vollzug|Rechtsmittel, S. 27.
212 *Rüping, Hinrich*; *Jerouschek, Günter*: Grundriss der Strafrechtsgeschichte, S. 48, ff.
213 *Ebd.*, S. 52 und 53.
214 *Schmidt, Eberhard*: Einführung in die Geschichte der deutschen Strafrechtspflege, S. 131, ff. „Dennoch ist die CCC als seine "Ordnung des heiligen Reiches" nicht nur eine unverbindliche Richtlinie, sondern ein "Reichsgesetz"

ziehende Strafe, sondern lediglich Kapitalstrafen, Leibesstrafen und eine Bestrafung am Vermögen.[215] Nach seiner Festnahme wurde der Übeltäter in ein Untersuchungsgefängnis überstellt, wo er nach Art. 11 Carolina[216] untergebracht wurde und auf seinen Prozess warten musste. Dieser begann mit dem Verhör des Verdächtigen.[217] Für die Turmhaft gab es verschiedene Gründe.[218] Aus Kölner Ermittlungsberichten geht hervor, dass die Inhaftierung wegen Fluchtgefahr angeordnet wurde.[219] Bei der Privatklage war es so, dass auch der Kläger in Untersuchungshaft genommen wurde, wenn er die für die Durchführung des Prozesses notwendigen Sicherheitsleistungen nicht erbringen konnte (Art. 12, 13, 14, 61 Carolina).[220]

In der Zeit nach dem Absolutismus kam es zu einer Einschränkung der richterlichen Befugnisse, indem sich die Territorialfürsten das Recht anmaßten, ihre Untertanen festzunehmen und ins Gefängnis zu stecken.[221] Erst die Aufklärung hat die Haftstrafe legalisiert und zu einem rechtsstaatlichen Institut erhoben.[222] Das wird zum Beispiel in Titel IV § 8 Bayerische Verfassung von 1818 deutlich. Dort wurde zugesichert, dass eine Verfolgung

---

(v. Hippel) gewesen, freilich mit der aus der nachgiebigen clausula salvatoria und aus der den politischen Zustand des Reiches stark bestimmenden partikularistischen Strebungen des Landesfürstentums sich ergebenden Maßgabe für „Geltung" und Wirksamkeit". Schmidt, Eberhard: Einführung in die Geschichte der deutschen Strafrechtspflege, S. 133.

215 *Ostendorf, Heribert*: Untersuchungshaft und Abschiebehaft, Anordnung/ Vollzug/Rechtsmittel, S. 27.
216 *Ostendorf, Heribert*: Untersuchungshaft und Abschiebehaft, Anordnung/ Vollzug/Rechtsmittel, S. 27.
217 *Schwerhoff, Gerd Schwerhoff*: Köln im Kreuzverhör - Kriminalität, Herrschaft und Gesellschaft in einer frühneuzeitlichen Stadt, S. 85.
218 *Ostendorf, Heribert*: Untersuchungshaft und Abschiebehaft, Anordnung/ Vollzug/Rechtsmittel, S. 27.
219 *Schwerhoff, Gerd Schwerhoff*: Köln im Kreuzverhör - Kriminalität, Herrschaft und Gesellschaft in einer frühneuzeitlichen Stadt, S. 87.
220 *Ostendorf, Heribert*: Untersuchungshaft und Abschiebehaft, Anordnung/ Vollzug/Rechtsmittel, S. 27.
221 *Merzbacher, S.*: Strafjustiz in alter Zeit, Bd III der Schriftenreihe des mittelalterlichen Kriminalmuseums Rothenburg ob der Tauber, Neustadt an der Aisch, 1980, S. 97.
222 *Ostendorf, Heribert*: Untersuchungshaft und Abschiebehaft, Anordnung/ Vollzug/Rechtsmittel, S. 28.

und Inhaftierung nur in den vom Gesetz bestimmten Fällen und in der vom Gesetz geforderten Form zulässig ist und niemand „seinem ordentlichen Richter entzogen werden" darf.[223] In gleichem Sinne bestimmte die Kurhessische Verfassung von 1831 in ihrem § 115, dass nur in den vom Gesetz bestimmten Fällen gegen eine Person gerichtlich ermittelt werden darf, diese inhaftiert, in Haft gehalten oder bestraft werden darf (Nr.1). Außerdem wurde bestimmt, dass jeder Verhaftete unverzüglich, auf jeden Fall aber innerhalb von 48 Stunden, über den Grund seiner Verhaftung informiert und von einem Gerichtsbeamten gehört werden muss (Nr. 2). Sollte die Verhaftung nicht von der zuständigen Gerichtsbehörde durchgeführt worden sein, ist der Beschuldigte unverzüglich an diese zu überstellen (Nr.3).[224]

Im Jahr 1849 wurde von der Nationalversammlung die erste demokratische Verfassung des deutschen Reiches, besser bekannt als Paulskirchenverfassung, verabschiedet.[225] Diese Verfassung trat aber nie im gesamten Reichsgebiet in Kraft, weil Preußen und weitere Länder ihr nicht beitraten.[226] In Abteilung IV zu den Grundrechten des deutschen Volkes garantierte die Verfassung in § 138, a) dass die Freiheit der Person unverletzlich ist; b) dass außer in den Fällen von Flagranzfestnahme die Inhaftierung nur erfolgen darf, wenn es einen von der zuständigen Behörde ausgestellten und entsprechend begründeten Haftbefehl gibt und dieser Haftbefehl muss bereits bei der Verhaftung oder spätestens innerhalb von 24 Stunden nach der Verhaftung vorliegen; c) dass die Polizeibehörden im Verlaufe des auf die Verhaftung folgenden Tages den Verhafteten entweder freilassen oder ihn den Justizbehörden überstellen müssen; d) dass der Beschuldigte das Recht hat, seine Freiheit durch Sicherheitsleistung oder Bürgschaft zu erlangen, außer er ist eines sehr schweren Verbrechens verdächtig; e) dass bei ungerechtfertigter Inhaftierung der Staat verpflichtet ist, die inhaftierte Person zu entschädigen.

---

223 *Ebd.*, S. 28.
224 *Ebd.*, S. 28.
225 *Pieroth, Bodo. Frotscher, Werner*: Verfassungsgeschichte, S. 147 und 156.
„Alle späteren Verfassungen – die Bismarcksche Reichsche Reichsverfassung von 1871, die Weimarer Reichsverfassung von 1919 und sogar das Grundgesetz von 1949 – orientierten sich an dem Verfassungsmodell von 1849").
Pieroth, Bodo. Frotscher, Werner: Verfassungsgeschichte, S. 156.
226 *Ebd.*, S. 165.

Im Jahre 1871 sind die süddeutschen Länder unter dem Einfluss Otto von Bismarcks dem *Norddeutschen Bund* beigetreten und es wurde das Deutsche Reich proklamiert.[227] Im gleichen Jahr wurde die Reichsverfassung verabschiedet, die anders als die Verfassung von 1849 keinen Grundrechtekatalog enthielt.[228] Ein Mittel, das neu geschaffene Reich wirksam zusammenzuschließen, war die Erfüllung bestimmter liberaler Forderungen, besonders in Bezug auf die Tätigkeit der Justiz und die Erweiterung von Freiräumen.[229] Geleitet von diesem Geist und mit dem Ziel, den Rechtsstaat zu sichern, wurden die Reichsgesetze erlassen. Hervorzuheben ist hierbei die Strafprozessordnung vom 1. Februar 1877 (RGBl., S. 253).[230]

In der ursprünglichen Fassung der Strafprozessordnung gab es bereits spezifische Regeln und Vorschriften zum Untersuchungshaftrecht, wie zum Beispiel den alten § 112, Abs. 1 Satz 1. Dieser forderte als erste Voraussetzung für die Anordnung von Untersuchungshaft, das Vorhandensein *dringender Verdachtsgründe* für die Tatbegehung durch den Verdächtigen und *gleichzeitig* das Vorhandensein eines Fluchtverdachtes oder die *tatsächliche* Vernichtung von Tatspuren, die Beeinflussung von Zeugen und Mittätern zur Falschaussage oder die Beeinflussung von Zeugen, sich der Zeugnispflicht zu entziehen (*Kollusionsgefahr*).[231] Dennoch bestimmte §112, Abs. 2, dass der Fluchtverdacht nicht begründet werden muss, wenn a) der Gegenstand der Untersuchung ein Verbrechen ist (*Satz 1*); b) der Beschuldigte ein Heimatloser oder Landstreicher ist oder sich nicht ausweisen kann (*Satz 2*); c) der Beschuldigte Ausländer ist und es begründeten Zweifel daran gibt, dass er auf Ladung vor Gericht erscheinen und sich dem Ergebnis des Verfahrens stellen wird (*Satz 3*).

Anders als die heutigen Normen, gab es in der Reichsstrafprozessordnung weder den Haftgrund *Wiederholungsgefahr* noch den Haftgrund *Schwere der Tat.* § 114 bestimmte, dass ein Haftbefehl ausschließlich durch einen

---

227 *Willoweit, Dietmar*: Deutsche Verfassungsgeschichte, vom Frankenreich bis zur Wiedervereinigung Deutschlands, S. 329, ff.
228 *Pieroth, Bodo. Frotscher, Werner*: Verfassungsgeschichte, S. 207.
229 *Ebd.*, S. 212.
230 *Ebd.*, S. 213.
231 *Seban, Christine*: Das Beschleunigungsgebot in Haftsachen und sonstigen Strafverfahren und die Kompensation rechtsstaatswidriger Verfahrensverzögerungen, S. 6 und 7.

ordentlichen Richter und in schriftlicher Form auszustellen sei (*Satz 1*). Der Haftbefehl hatte den Beschuldigten genau zu bezeichnen, anzuzeigen, wessen er beschuldigt wird und den Haftgrund zu nennen (*Satz 2*). Der Beschuldigte war bei der Verhaftung oder aber spätestens am Tag nach seiner Inhaftierung über den Inhalt des Haftbefehls und auch über seine Rechtsmittel zu informieren (*Satz 3*). § 115 bestimmte, dass der Gefangene spätestens am Tag nach seiner Inhaftierung von einem Richter zum Gegenstand der Anschuldigung gehört werden muss.

§ 116 bestimmte, das der Verhaftete, wenn möglich, getrennt und nicht zusammen mit Strafgefangenen untergebracht werden soll, es sei denn, der Verhaftete stimmt einer Abweichung von dieser Regel zu (*Satz 1*). Es sollten auch nur solche Einschränkungen der Freiheit auferlegt werden, die notwendig sind, um den Zweck der Untersuchungshaft zu erfüllen und um die Ordnung im Gefängnis aufrechtzuerhalten (*Satz 2*). Eine weitere erwähnenswerte Bestimmung ist der § 117. Dieser bestimmte, dass der Beschuldigte, der nur wegen Fluchtgefahr in Untersuchungshaft genommen wurde, die Möglichkeit bekommen muss, gegen Stellung einer Sicherleistung auf freien Fuß gesetzt zu werden. Die Strafprozessordnung jener Zeit enthielt keine Bestimmungen zum Beschleunigungsgrundsatz, wie es die heutigen Paragraphen 121 und 122 tun.[232] Obwohl die Reichsstrafprozessordnung als eine der „mangelhaftesten" aller Reichsgesetzte angesehen wurde, weil ihr die konsequente Einhaltung der strafprozessbeherrschenden Prinzipien fehlten, wurde sie bis zum Ende des Kaiserreich nicht wesentlich verändert.[233]

Nach Abdankung Kaiser Wilhelms II., wurde am 9. November 1918 die Republik ausgerufen. Zwei Tage später kam es zum Waffenstillstand und der Erste Weltkrieg wurde beendet. Es wurde eine neue Staatsform, die parlamentarische Demokratie, eingeführt.[234] Am 11. August 1919 wurde die Weimarer Verfassung verkündet. Es kam zu bedeutenden Veränderun-

---

232 *Ebd.*, S. 10.
233 *Holtzendorff, Franz von*: Handbuch des deutschen Strafprozessrechts, In Einzelbeiträgen, Erster Band, Berlin 1879, S. 130 ff.; *Schmidt, Eberhard*: Einführung in die Geschichte der deutschen Strafrechtspflege, Vandenhoeck und Ruprecht, S. 413, ff.
234 *Pieroth, Bodo. Frotscher, Werner*: Verfassungsgeschichte, S. 237 ff. *Willoweit, Dietmar*: Deutsche Verfassungsgeschichte, vom Frankenreich bis zur Wiedervereinigung Deutschlands, S. 356, ff.

gen und das Verfassungsrecht übte wachsenden Einfluss auf das Strafverfahrensrecht aus.[235] In diesem Zusammenhang soll auf die so genannte *Lex Höfle*[236] vom 27. Dezember 1926 hingewiesen werden. Die Lex Höfle änderte die Reichsstrafprozessordnung ab wodurch vor allem die Rechte des Beschuldigten im Strafprozess gestärkt wurden (RGBl. I (1926), 529).[237] Von da an hatte der inhaftierte Beschuldigte nach § 114d RStPO das Recht, eine Haftprüfung zu verlangen. Über die Fortdauer der Haft wurde dann nach mündlicher Verhandlung entschieden – diese Vorschrift entspricht der heutigen Regelung zur Haftprüfung in § 117 StPO.[238]

Eine andere wichtige Änderung war die Einfügung des § 115a Abs. 1, der bestimmte, dass während der Inhaftierung des Beschuldigten in der Untersuchungshaft das Gericht von Amts wegen innerhalb bestimmter Fristen die Aufrechterhaltung der Haft überprüfen muss (Haftprüfungsverfahren).[239] Eine Haftprüfung erfolgte erstmalig nach zweimonatiger Haftdauer. So wurde also das erste Mal in einer deutschen Strafprozessordnung der Beschleunigungsgrundsatz explizit aufgeführt, verbunden mit der Haftprüfung, die sowohl auf Antrag des Beschuldigten oder aber innerhalb bestimmter Fristen von Amts wegen durch das Gericht durchgeführt werden musste.[240]

Angesichts der schweren politischen Instabilität und der nachfolgenden Krise der Weimarer Republik, wurde Adolf Hitler 1933 zum Reichskanzler ernannt. Mit der Billigung des Ermächtigungsgesetzes durch den Reichstag,

---

235 *Rüping, Hinrich; Jerouschek, Günter*: Grundriss der Strafrechtsgeschichte, S. 113.
236 „*Das sog. "Lex Höfle" ist zurückzuführen auf die in 1925 erfolgte Inhaftierung des ehemaligen Reichspostministers und Reichstagsabgeordneten Höfle, welcher aufgrund seines schlechten Gesundheitszustandes in der Untersuchungshaft verstarb, ohne dass ihm die Möglichkeit gegeben war, diesen Zustand geltend zu machen*". *Seban, Christine*: Das Beschleunigungsgebot in Haftsachen und sonstigen Strafverfahren und die Kompensation rechtsstaatswidriger Verfahrensverzögerungen, S. 11.
237 *Seban, Christine*: Das Beschleunigungsgebot in Haftsachen und sonstigen Strafverfahren und die Kompensation rechtsstaatswidriger Verfahrensverzögerungen, S. 11.
238 *Ebd.*, S. 12.
239 *Ebd.*, S. 12.
240 *Ebd.*, S. 12.

wurde in Deutschland endgültig eine Diktatur errichtet.[241] Der Strafprozess richtete sich nun nach dem Gedankengut der NSDAP und war mit dieser untrennbar verbunden.[242] Wenn es schon nach der Reichsstrafprozessordnung keinen Gleichheitsgrundsatz im Sinne eines Parteiprozesses zwischen Staat und Beschuldigtem gab, wurde der Beschuldigte nun zum bloßen Objekt des Verfahrens degradiert.[243] In den Vordergrund des Verfahrens trat die Volksgemeinschaft anstelle des liberalen Rechtssystems.[244]

In den Jahren 1933 und 1934 gab es zahllose Abänderungen in der geltenden Strafprozessordnung.[245] Unter anderen wurde das *Gesetz zur Änderung von Vorschriften des Strafrechts und Strafverfahrens vom 24. April 1934*[246] erlassen, welches zu einer wesentlichen Änderung des Untersuchungsstrafrechtes führte.[247] Die so genannte *Lex Höfle* wurde wieder aus der Strafprozessordnung getilgt und durch vage Bestimmungen zum Haftprüfungsverfahren ersetzt.[248] §115a bekam eine neue Fassung die bestimmte, dass: „jederzeit von Amts wegen darauf zu achten sei, ob die Fortdauer der Haft zulässig und notwendig sei".[249] Diese Änderung entsprang der Auffassung, dass das förmliche Haftprüfungsverfahren, insbesondere die

---

241 *Willoweit, Dietmar*: Deutsche Verfassungsgeschichte, vom Frankenreich bis zur Wiedervereinigung Deutschlands, S. 383, ff.
242 *Seban, Christine*: Das Beschleunigungsgebot in Haftsachen und sonstigen Strafverfahren und die Kompensation rechtsstaatswidriger Verfahrensverzögerungen, S. 13.
243 *Ebd.*, S. 13.
244 *Gruchmann, Lothar*: Justiz im Dritten Reich 1933-1940, Anpassung und Unterwerfung in der Ära Gürtner, S. 981.
245 *Seban, Christine*: Das Beschleunigungsgebot in Haftsachen und sonstigen Strafverfahren und die Kompensation rechtsstaatswidriger Verfahrensverzögerungen, S. 14.
246 *RGBl.* I (1934),341.
247 *Seban, Christine*: Das Beschleunigungsgebot in Haftsachen und sonstigen Strafverfahren und die Kompensation rechtsstaatswidriger Verfahrensverzögerungen, S. 15.
248 *Ebd.*, S. 15.
249 *Seban, Christine*: Das Beschleunigungsgebot in Haftsachen und sonstigen Strafverfahren und die Kompensation rechtsstaatswidriger Verfahrensverzögerungen, S. 15.

mündliche Verhandlung, den Fortgang der Ermittlung lediglich verzögere.[250] Die Abschaffung des förmlichen Haftprüfungsverfahrens war ein schwerer Eingriff in die Rechte des Beschuldigten.[251]

Die einschneidenste Änderung gab es jedoch durch das Inkrafttreten des *Gesetzes zur Änderung von Vorschriften des Strafverfahrens und des Gerichtsverfassungsgesetzes* vom 28. Juni 1935, welches weitere Haftgründe für die Untersuchungshaft einführte. Bis dahin war Untersuchungshaft nur zulässig, wenn es einen *dringenden Tatverdacht* mit gleichzeitiger *Fluchtgefahr* oder *Kollusionsgefahr* (Verdunkelungsgefahr) gab.[252] Das nun geltende Gesetz enthielt explizit zwei neue Voraussetzungen in § 112 Abs. 1 RStPO und gestattete, die Anordnung der Untersuchungshaft bei *Wiederholungsgefahr* und wegen *Schwere der Tat und Erregung der Öffentlichkeit*.[253] Der letztgenannte Haftgrund war, wie die Lehre bemerkt, Willkür,[254] denn die Erregung der Öffentlichkeit ließ sich leicht herstellen, indem entsprechende Anweisungen nach den Wünschen der Machthaber an die Presse gegeben werden.[255] Damit war das Untersuchungshaftrecht in der Zeit des Nazionalsozialismus vollständig untergraben, da wichtige Rechte des Beschuldigten beseitigt worden waren.

Nach Ende des Zweiten Weltkrieges wurde die Rechtsprechung durch die Alliierten in den jeweiligen Besatzungszonen ausgeübt und jede hatte ihr eigenes Strafprozessrecht.[256] Ziel war der endgültige Bruch mit der Rechtsordnung des „Dritten Reichs" und die Wiederherstellung der typischen Garantien eines Rechtsstaates.[257] Das *Gesetz zur Änderung von Vorschriften*

---

250 *Gruchmann, Lothar*: Justiz im Dritten Reich 1933-1940, Anpassung und Unterwerfung in der Ära Gürtner, S. 1059.
251 *Seban, Christine*: Das Beschleunigungsgebot in Haftsachen und sonstigen Strafverfahren und die Kompensation rechtsstaatswidriger Verfahrensverzögerungen, S. 15.
252 *Ebd.*, S. 16.
253 *Ebd.*, S. 16.
254 *Bader, Karl S.*: Die Wiederherstellung rechtsstaatlicher Garatien im deutschen Strafprozess nach 1945, in: Strafprozeß und Rechtsstaat, S. 1 (5).
255 *Schmidt, Eberhard*: Einführung in die Geschichte der deutschen Strafrechtspflege. S. 444.
256 *Seban, Christine*: Das Beschleunigungsgebot in Haftsachen und sonstigen Strafverfahren und die Kompensation rechtsstaatswidriger Verfahrensverzögerungen, S. 18.
257 *Ebd.*, S. 18.

des Strafrechts und Strafverfahrens vom 24. April 1934, mit dem auch die *Lex Höfle* abgeschafft wurde, ist durch das Kontrollratsgesetzt Nr. 1 vom 20. September 1945 abgelöst worden.[258] 1946 wurde in der britischen[259], amerikanischen[260] und französischen[261] Zone der Haftgrund *Schwere der Tat und Erregung der Öffentlichkeit* abgeschafft. Der Haftgrund *Wiederholungsgefahr* wurde jedoch beibehalten.[262]

In der sowjetischen Besatzungszone wurde der Haftgrund *Wiederholungsgefahr* jedoch abgeschafft, da man der Ansicht war, dass Präventivmaßnahmen zwar eine der wesentlichen Aufgaben der kriminalpolitischen Arbeit sei, die Untersuchungshaft aber nicht als geeignetes Instrument zur Prävention von Straftaten angesehen wurde.[263] Der Haftgrund *Schwere der Tat und Erregung der Öffentlichkeit* wurde in der Rechtsprechung kontrovers gesehen. Während das OLG Dresden in seiner Entscheidung vom 25.04.1946 die Ansicht vertrat, dass dieser Haftgrund keine spezifische nationalsozialistische Regelung war, und somit weiterhin gelten solle,[264] hat das OLG Gera in seinem Urteil vom 1.12.1947 anders entschieden.[265]

Nach der Teilung Deutschlands wurde 1949 in Westdeutschland das Grundgesetz erlassen, das wichtige Änderungen im Strafprozessrecht mit sich brachte (Art. 2. Abs. 2, 104 GG). Das *Gesetz zur Wiederherstellung der Rechtseinheit* vom 12. September 1950 stellte den juristischen Schutz des Beschuldigten wieder her.[266] Die Haftgründe beschränkten sich nun auf

---

258 *Ebd.*, S. 18.
259 §112 in der Fassung der Allgemeinen Anweisung an Richter Nr. 2 der britischen Zone von 1946.
260 §112 in der Fassung der Strafrechtspflegeordnung der amerikanischen Zone von 1946.
261 §17 der Rechtsanordnung über die Gerichtsverfassung und das gerichtliche Verfahren der französischen Zone von 1946.
262 *Bader, Karl S.*: Die Wiederherstellung rechtsstaatlicher Garatien im deutschen Strafprozess nach 1945, in: Strafprozeß und Rechtsstaat, S. 1 (6).
263 *Weiss, Wolfgang*: Anmerkung zu OLG Gera, S. 221 (221).
264 NJW 1949, S. 243 ff.
265 NJ 1947, S. 221 ff.
266 *Seban, Christine*: Das Beschleunigungsgebot in Haftsachen und sonstigen Strafverfahren und die Kompensation rechtsstaatswidriger Verfahrensverzögerungen, S. 19.

Fluchtverdacht[267] und *Verdunkelungsgefahr*[268]. Neu war die Normierung der Voraussetzungen für den *Fluchtverdacht* in §112 Abs 1 Nr.1.[269] Der Haftgrund *Wiederholungsgefahr* wurde jedoch aus der Strafprozessordnung gestrichen, denn er galt als unvereinbar mit den rechtsstaatlichen Grundsätzen: Niemand sollte für eine Straftat, die er (noch) nicht begangen hat, verfolgt oder bestraft werden.[270] Hervorzuheben ist hier die Wiedereinführung des Haftprüfungsverfahrens[271] im Sinne der *Lex Höfle* mit der Abweichung, dass der Zeitraum für die erste Haftprüfung von Amts wegen auf einen Monat reduziert wurde.[272]

Eine weitere wichtige Änderung in der Strafprozessordnung gab es mit dem *Strafprozessänderungsgesetz (StPÄG)* vom 19. Dezember 1964. Hervorzuheben sind die explizite Nennung des *Verhältnismäßigkeitsgrundsatzes* in §112 Abs. 1 S. 2 (Fassung des StPÄG von 1964)[273] und die Einführung der Haftgründe *Wiederholungsgefahr* und *Schwere der Tat*.[274] In seiner Entscheidung vom 15. Dezember 1965 hat das Bundesverfassungsgericht die Verfassungsmäßigkeit beider Haftgründe bestätigt. Zur *Schwere der Tat* hat das BVerfG festgestellt, dass man nicht von Verfassungswidrigkeit sprechen kann, solange dieses Kriterium sehr eng interpretiert und das Verhältnismäßigkeitsprinzip nicht aus den Augen gelassen wird – immer unter Berücksichtigung des Spannungsverhältnisses zwischen individuellem Recht

---

267 *StPO*, §112 Abs. 1 Nr.1 (Fassung des Gesetzes zur Wiederherstellung der Rechtseinheit vom 12. September 1950).
268 *StPO*, §112, Abs. 1 Nr. 2(Fassung des Gesetzes zur Wiederherstellung der Rechtseinheit vom 12. September 1950).
269 *BGBl.* I (1950), 455.
270 *Nüse, Karl-Heinz*: Das Gesetz zur Wiederherstellung der Rechteinheit auf dem Gebiet der Gerichtsverfassung, der bürgerlichen Rechtspflege, des Strafverfahrens und des Kostenrechts, S. 553 ff.
271 *StPO*, §§114d, 115d. (Fassung des Gesetzes zur Wiederherstellung der Rechtseinheit vom 12. September 1950)
272 *Seban, Christine*: Das Beschleunigungsgebot in Haftsachen und sonstigen Strafverfahren und die Kompensation rechtsstaatswidriger Verfahrensverzögerungen, S. 20 und 21.
273 *Ebd.*, S. 23.
274 *Schloth, Stephanie*: Die Haftgründe der Wiederholungsgefahr und der Schwere der Tat. Die §§ 112a, 112 Abs. 3 StPO unter besonderer Berücksichtigung neuerer Gesetzesänderungen und aktueller Entwicklungen im Bereich der Untersuchungshaft, S. 40 ff.

auf persönliche Freiheit und unabweisbarer Notwendigkeit einer wirksamen Strafverfolgung.[275] Zur *Wiederholungsgefahr* Vertritt das BVerfG die Auffassung, dass ein solcher Haftgrund gerechtfertigt sein kann, soweit es um besonders schutzbedürftige Kreise der Bevölkerung und deren Schutz vor schweren Straftaten geht, die mit hoher Wahrscheinlichkeit begangen werden.[276]

Wegen starker Kritik, vor allem aus den Reihen der Polizei, wurde Anfang der siebziger Jahre das *Gesetz zur Änderung der Strafprozessordnung* vom 7. August 1972 eingeführt.[277] Es wurde argumentiert, dass das Gesetz zur Änderung der Strafprozessordnung 1964 den Bereich der Haftgründe eingeschränkt hätte und dadurch zumindest mitverantwortlich für die spürbare Steigerung der Kriminalität in den Jahren 1966 und 1967 sei.[278] Durch das Gesetz von 1972 wurde der § 112a eingeführt, der den Haftgrund *Wiederholungsgefahr* aus dem § 122 herausnahm und neue Straftatbestände nach StGB (§§ 173 Abs. 1, 174, 175 Abs. 1 Nr. 2, 3, 176, 177 StGB) einführte. Dadurch wurden die Möglichkeiten erweitert, auch bei Sexualdelikten Untersuchungshaft anzuordnen – auf *Verbrechen wider die Sittlichkeit* wurde nicht mehr Bezug genommen wurde.

Wegen der Erweiterung der Tatbestände für die Haftgründe wurde die Verfassungsmäßigkeit des § 112a angezweifelt und das Bundesverfassungsgericht angerufen. Dieses hat in seiner Entscheidung vom 30. September 1973 die Verfassungsmäßigkeit des § 112a bestätigt, da sich das allgemeine Interesse der Rechtsgemeinschaft an der Kriminalitätsbekämpfung nicht auf Sexualstraftaten beschränken dürfe. In Anbetracht des in Art. 2 Abs. 2 S. 2 GG festgeschriebenen Freiheitsprinzips gäbe es für den Gesetzgeber jedoch

---

275 BVerfGE 19, 342 (347).
276 BVerfGE 19, 342 (349).
277 *Schloth, Stephanie*: Die Haftgründe der Wiederholungsgefahr und der Schwere der Tat. Die §§ 112a, 112 Abs. 3 StPO unter besonderer Berücksichtigung neuerer Gesetzesänderungen und aktueller Entwicklungen im Bereich der Untersuchungshaft, S. 52.
278 *Ender, Karl*: Zur Frage der erneuten Reformbedürftigkeit des §112 StPO, S. 344 ff.; *Kaiser, Eberhard*: Auswirkungen des Strafprozeßordnung unter besonderer Berücksichtigung des Haftrechts, S. 777 ff.; *Reitberger, Leonhard*: Gewohnheits- und Berufsverbrecher auf freiem Fuß?, in: Kriminalistik, 1967, S. 453.

enge Grenzen. Das Bedürfnis der Gesellschaft nach Sicherheit überwiege nur unter bestimmten Umständen das Recht des noch nicht rechtskräftig Beschuldigten auf Freiheit.[279] Das BVerfG unterstrich, dass die Straftat, derer der Beschuldigte dringend verdächtig ist, die Rechtsordnung konkret und schwer beeinträchtigt haben müsse und eine hohe Strafe zu erwarten sein müsse.[280]

Wegen der hohen Zahl an Inhaftierungen wurden Ende der achtziger Jahre Versuche unternommen, die Haftgründe *Wiederholungsgefahr* und *Schwere der Tat* einzuschränken.[281] Zur Stärkung des Verhältnismäßigkeitsgrundsatzes und des Haftprüfungsverfahrens gab es viele Gesetzesentwürfe[282], die unter anderem das Ziel hatten, die Anordnung von Untersuchungshaft zu beschränken und das Verfahren zu beschleunigen, die aber nicht umgesetzt wurden.[283] Im Gegenteil, mit dem *Gesetz zur Änderung des Strafgesetzbuches, der Strafprozessordnung und des Versammlungsgesetzes und zur Einführung einer Kronzeugenregelung bei terroristischen Straftaten* vom 09. Juni 1989 wurde in den §112a zum

---

279 *BVerfGE* 35, 185, 191 f.
280 *BVerfGE* 35, 185, 191 f. *Schloth, Stephanie*: Die Haftgründe der Wiederholungsgefahr und der Schwere der Tat. Die §§ 112a, 112 Abs. 3 StPO unter besonderer Berücksichtigung neuerer Gesetzesänderungen und aktueller Entwicklungen im Bereich der Untersuchungshaft. Nomos Verlag, Baden-Baden, 1999, S. 57.
281 *Schloth, Stephanie*: Die Haftgründe der Wiederholungsgefahr und der Schwere der Tat. Die §§ 112a, 112 Abs. 3 StPO unter besonderer Berücksichtigung neuerer Gesetzesänderungen und aktueller Entwicklungen im Bereich der Untersuchungshaft, S. 61.
282 *„Ein von der SPD getragener Entwurf vom 11. August 1987 sah vor, die im Haftgrund der Wiederholungsgefahr geforderte Straferwartung auf Freiheitsstrafe von mehr als zwei Jahren zu erweitern, so dass keine Strafaussetzung zur Bewährung mehr in Betracht komme". „Der Entwurf der Fraktion DIE GRÜNE vom 21. April 1988 sah eine Streichung des Haftgrunds der Schwere Tat vor, da er mit dem Haftzweck der Verfahrens- und Vollstreckungssicherung unvereinbar sei"*. *Schloth, Stephanie*: Die Haftgründe der Wiederholungsgefahr und der Schwere der Tat. Die §§ 112a, 112 Abs. 3 StPO unter besonderer Berücksichtigung neuerer Gesetzesänderungen und aktueller Entwicklungen im Bereich der Untersuchungshaft. S. 61 und 62.
283 *Seban, Christine*: Das Beschleunigungsgebot in Haftsachen und sonstigen Strafverfahren und die Kompensation rechtsstaatswidriger Verfahrensverzögerungen, S. 37.

Haftgrund *Wiederholungsgefahr* der Tatbestand des § 125a StGB *(Besonders schwererer Fall des Landfriedenbruchs)* als zusätzliche Voraussetzung für die Zulässigkeit der Untersuchungshaft aufgenommen.[284]

Während es in den neunziger Jahren des vergangenen Jahrhunderts keine wesentlichen Änderungen gab, wurden nach der Jahrtausendwende wichtige Änderungen an der Strafprozessordnung vorgenommen. Nämlich a) das *Gesetz zur Stärkung der Rechte von Verletzten und Zeugen im Strafverfahren* vom 29.07.2009; b) das *Gesetz zur Änderung des Untersuchungshaftrechts* vom 29.07.2009 und c) das *Gesetz zur Stärkung der Verfahrensrechte von Beschuldigten im Strafverfahren* vom 02.07.2013. Die Änderungen, die im Verlauf der Geschichte im Strafprozessrecht vorgenommen wurden, einschließlich der jüngsten Änderungen, zeigen, dass sich in Deutschland das Untersuchungshaftrecht in ständiger Entwicklung befindet. Heute gibt es im Bundestag Abgeordnete, die fragen, ob es nicht notwendig sei, im § 112a StPO die Voraussetzung für die Anordnung von Untersuchungshaft auf Fälle von Pädophilie zu erweitern.[285]

II. Erläuterung des Begriffes und der Zeitpunkt der Anordnung

Die Voraussetzungen für die Untersuchungshaft sind in der Strafprozessordnung im Abschnitt *Verhaftung und vorläufige Festnahme*, genauer gesagt in den Paragraphen 112 ff. beschrieben. Roxin und Schünemann definieren Untersuchungshaft als die "Entziehung der Freiheit des Beschuldigten zur Sicherstellung des Erkenntnisverfahrens oder der Vollstreckung der Strafe".[286] Die drei Ziele der Untersuchungshaft sind: a) die Anwesenheit

---

284 *Schloth, Stephanie*: Die Haftgründe der Wiederholungsgefahr und der Schwere der Tat. Die §§ 112a, 112 Abs. 3 StPO unter besonderer Berücksichtigung neuerer Gesetzesänderungen und aktueller Entwicklungen im Bereich der Untersuchungshaft. S. 63 und 64.

285 *Interview: Wolfgang Walter Wilhelm Bosbach* (CDU): Wir brauchen neue Voraussetzungen für Untersuchungshaft, erreichbar unter: http://wobo.de/news/wir-brauchen-neue-voraussetzungen-fur-untersuchungshaft. (abgerufen am: 28.05.2014). Das Interview erschien u.a. am 08.05.2014 in der Nordwest-Zeitung in gekürzter Fassung.

286 *Roxin, Claus*; *Schünemann, Bernd*: Juristische Kurz-Lehrbücher, Strafverfahrensrecht, S. 237.

des Beschuldigten im Strafverfahren zu sichern (§ 112 II Nr. 1,2); b) die ordnungsgemäße Tatsachenermittlung durch die Strafverfolgungsorgane zu gewährleisten (§ 112 II Nr. 3); c) die Strafvollstreckung sicher zu stellen (§ 457).[287] Ausnahmen zu diesen drei Zielen finden sich beim Haftgrund der *Wiederholungsgefahr*.[288] Zusammenfassend kann gesagt werden, dass die Untersuchungshaft keine vorweggenommene Strafhaft sein soll, denn auf Grund der Unschuldsvermutung hat der Beschuldigte das Recht, den Ausgang des Prozesses bis zum rechtskräftigen Urteil in Freiheit erwarten, solange durch die Freiheit das Recht des Staates zur Aufklärung der Tatumstände nicht gestört wird.[289]

Zuständig für die Anordnung der Untersuchungshaft ist immer der Richter (Art. 104 Abs. 2 Satz 1 GG, §114 Abs. 1).[290] Während des Ermittlungsverfahrens, das heißt, vor Erhebung der öffentlichen Klage, kann der Haftrichter die Untersuchungshaft nur auf Antrag der Staatsanwaltschaft anordnen, da die Staatsanwaltschaft *Herrin des Verfahrens* ist.[291] Ausnahmsweise, das heißt, bei Gefahr im Verzug, kann der Haftrichter die Untersuchungshaft nach § 125 I StPO von Amts wegen anordnen. Mit der Anklageerhebung geht die Zuständigkeit für die Anordnung der Haft auf das Tatgericht über, welches U-Haft von Amts wegen auch ohne Antrag der Staatsanwaltschaft anordnen kann wobei diese vor Ausstellung des Haftbefehls angehört werden muss (§33 I und II).[292] Ist Revision eingelegt, so bleibt das Gericht zuständig, dessen Urteil angefochten wurde.[293] Nach § 125 II S. 2 kann bei Kollegialgerichten in dringenden Fällen der vorsitzende Richter die Haft anordnen. Nach dem Verständnis des überwiegenden Teils der Lehre, ist Untersuchungshaft bei Privatklagen nicht zulässig, da kein öffentliches Interesse an der Strafverfolgung besteht.[294] Es

---

287 *Ebd.*, 238.
288 *Kindhäuser, Urs*: Strafprozessrecht, S. 119.
289 *Beulke, Werner*: Strafprozessrecht, S. 139.
290 *Heger, Martin*: Strafprozessrecht, Studienreihe Rechtswissenschaften, S. 102.
291 *Heger, Martin*: Strafprozessrecht, Studienreihe Rechtswissenschaften, S. 102.
292 *Kindhäuser, Urs*: Strafprozessrecht, S. 127 und 128.
293 *Beulke, Werner*: Strafprozessrecht, S. 144.
294 *Kindhäuser, Urs*: Strafprozessrecht, S. 126 und 127. *Roxin, Claus; Schünemann, Bernd*: Juristische Kurz-Lehrbücher, Strafverfahrensrecht, S. 242. *Beulke, Werner*: Strafprozessrecht, S. 143.

gibt Präzedenzfälle in diese Richtung.[295] Die Anordnung der Untersuchungshaft ist also in jeder Phase der Ermittlungen und des Erkenntnisverfahrens zulässig.[296]

III. Voraussetzungen für die Anordnung der Untersuchungshaft

Damit eine Untersuchungshaftanordnung rechtmäßig ist, müssen sowohl die formalen als auch die sachlichen Voraussetzungen gegeben sein. Ist eine dieser Voraussetzungen nicht gegeben, ist die Untersuchungshaft gesetzwidrig. Nach § 114 I bzw. § 125 StPO muss der Haftbefehl durch den *zuständigen Richter* und in *Schriftform* erlassen werden (formale Voraussetzung).[297] Außerdem müssen die materiellen Voraussetzungen gegeben sein, das heißt, der *dringende Tatverdacht* in Verbindung mit *mindestens einem Haftgrund* – außerdem muss dass *Verhältnismäßigkeitsprinzip* beachtet werden.[298] Das Bundesverfassungsgericht hat entschieden, dass die Anordnung der Untersuchungshaft im Rahmen der oben genannten Vorschriften im pflichtgemäßen Ermessen des Richters liegt.[299]

1. Sachliche Voraussstezungen

a) Dringender Tatverdacht

Der *dringende Tatverdacht* ist gegeben, wenn es nach dem jeweiligen Kenntnisstand eine hohe Wahrscheinlichkeit dafür gibt, dass der Beschuldigte als Täter oder Mittäter eine durch die deutsche Rechtsordnung vorgegebene Straftat begangen hat.[300] Die Wahrscheinlichkeit, dass Rechtfertigungsgründe, Schuldausschließungsgründe oder Strafausschließungsgründe vorliegen, beseitigt den dringen Tatverdacht (Schlothauer StV 96, 393).[301] Das heißt,

---

295 OLG *Karlsruhe* GA 1974, 221 (222).
296 *Roxin, Claus*; *Schünemann, Bernd*: Juristische Kurz-Lehrbücher, Strafverfahrensrecht, S. 239.
297 Ebd., S. 242 und 243.
298 *Goßner-Meyer, Lutz*; *Schmitt, Bertram*: Strafprozessordnung, Auflage. 57, C.H.Beck Verlag, München, 2014, S. 528.
299 BVerfGE 19, 349.
300 *Kindhäuser, Urs*: Strafprozessrecht, S. 120.
301 *Goßner-Meyer, Lutz*; *Schmitt, Bertram*: Strafprozessordnung, S. 530.

für diese Voraussetzung muss eine *hohe Wahrscheinlichkeit* für die Tatbegehung gegeben sein, anders als bei anderen Verdachtsgraden aus der Strafprozessordnung, wie zum Beispiel der *Anfangsverdacht* (§§ 160 I, 152 II) und der *hinreichende Tatverdacht* (§ 170 I, 203).[302]

b) Haftgründe

Es gibt fünf Haftgründe für die Untersuchungshaft: a) Flucht; b) Fluchtgefahr; c) Verdunkelungsgefahr; d) Vorliegen eines Kapitalverbrechens; e) Wiederholungsgefahr.[303]

aa) Flucht

Der Haftgrund *Flucht* besteht, wenn der Beschuldigte *flüchtig* ist oder sich *verborgen* hält, wobei beides gleichzeitig zutreffen kann.[304] *Flüchtig* ist, wer vor, während oder nach der strafbaren Handlung seinen Wohnsitz aufgibt ohne einen neuen zu begründen oder sich für die Ermittlungsorgane und das Gericht unerreichbar ins Ausland begibt und sich somit seiner Ergreifung im Hinblick auf die zu erwartende Strafvollstreckung entzieht.[305] Es handelt sich auch dann um Flucht, wenn der Beschuldigte sich dem Verfahren entzieht und dabei die Verhinderung des Verfahrens billigend in Kauf nimmt.[306] Nach der Rechtsprechung ist es auch nicht ausreichend, dass der Beschuldigte per Post erreichbar ist (LG Verden StV 86, 256). Ausreichend für die Nichtanordnung der Untersuchungshaft ist es jedoch, wenn der Beschuldigte, selbst wenn er keinen festen Wohnsitz hat, seinem Anwalt eine Ladungsermächtigung nach § 145a II erteilt hat (OLG Dresden StV 2007, 587).

Verborgen hält sich der Beschuldigte, der sich dem Strafverfahren entziehen will, indem er seinen Aufenthalt vor den Ermittlungsorganen verbirgt, unter falscher Identität oder an einem unbekannten Ort lebt, oder auf andere Weise unerreichbar ist.[307] Wer sich jedoch nur *verbirgt,* um das Kind

---

302 *Kindhäuser, Urs*: Strafprozessrecht, S. 120.
303 *Heger, Martin*: Strafprozessrecht, Studienreihe Rechtswissenschaften, S. 100, 101 und 102.
304 *Goßner-Meyer, Lutz; Schmitt, Bertram*: Strafprozessordnung, S. 530.
305 *Ebd.*, S. 530 und 531.
306 *Kindhäuser, Urs*: Strafprozessrecht, S. 121.
307 *OLG Saarbrücken* StV 2000, 208 (209).

nicht an den anderen Elternteil herausgeben zu müssen, ist nicht *flüchtig* (Schleswig MDR 80, 1042).[308] Das gleiche lässt sich über Obdachlose und Nichtsesshaft sagen. Abgesehen von ihren Lebensumständen, sind sie üblicherweise *erreichbar*, zum Beispiel in sozialen Einrichtungen.[309] Sollte die Erreichbarkeit erschwert sein, so ist nicht unbedingt davon auszugehen, dass die Person flüchtig ist oder sich verborgen hält.[310]

bb) Fluchtgefahr

Der Haftgrund *Fluchtgefahr* ist in der Praxis der bedeutendste, da sich 80% der Haftbefehle darauf gründen.[311] Man spricht von Fluchtgefahr, wenn es nach den konkreten Umständen des Falles wahrscheinlich ist, dass sich der Beschuldigte dem Strafverfahren entziehen wird.[312] Deswegen darf der Haftgrund *Fluchtgefahr* nicht schematisch nach abstrakten Kriterien beurteilt werden sondern muss sich im Gegenteil streng an den Wortlaut des Gesetzes halten und jeweils alle Umstände des Einzelfalls berücksichtigen.[313] Der Richter muss die Argumente für und gegen den Haftgrund *Fluchtgefahr* sorgfältig gegeneinander abwiegen.[314] Faktoren, die für eine Anordnung sprechen sind: a) eine hohe zu erwartende Haftstrafe, eventuell sogar in Verbindung mit dem Widerruf einer Strafaussetzung zur Bewährung; b) Flucht des Beschuldigten in einem vorangegangenen Verfahren; c) auffällig häufiger Wohnungs- und Arbeitsplatzwechsel; d) fehlende persönliche und berufliche Bindungen; e) kein fester Wohnsitz; f) gute Beziehungen ins Ausland und dort befindliches Vermögen.[315]

Argumente gegen die Anordnung der Untersuchungshaft sind: a) starke persönliche oder berufliche Bindungen; b) hohes Alter und/oder schlechter

---

308 *Goßner-Meyer, Lutz*; *Schmitt, Bertram*: Strafprozessordnung, S. 531.
309 *Satzger, Helmut*; *Schluckebier, Wilhelm*; *Widmaier, Gunter*: Strafprozessordnung, S. 609.
310 LG Zweibrücken NJW 2004, 1679f. *Satzger, Helmut*; *Schluckebier, Wilhelm*; *Widmaier, Gunter*: Strafprozessordnung, S. 609.
311 *Kindhäuser, Urs*: Strafprozessrecht, S. 122.
312 *Heger, Martin*: Strafprozessrecht, Studienreihe Rechtswissenschaften, S. 101.
313 *Roxin, Claus*; *Schünemann, Bernd*: Juristische Kurz-Lehrbücher, Strafverfahrensrecht, S. 240.
314 *OLG Köln* StV, 1994, 582.
315 *Kindhäuser, Urs*: Strafprozessrecht, S. 122.

Gesundheitszustand; c) fester Wohnsitz.[316] Rechtsprechung[317] und Literatur[318] vertreten in jüngster Zeit die Auffassung, dass die Höhe der Straferwartung *für sich allein* keine Fluchtgefahr begründet.[319] Das OLG Frankfurt hat entschieden, dass die Schwere der Beschuldigung und die Höhe der Straferwartung den Verdacht auf Flucht nicht stützen, sondern es müssen das Gewicht der dem Beschuldigten bekannten Beweise zu seinen Ungunsten sowie seine Persönlichkeit und seine konkrete Situation gewürdigt werden (OLG Frankfurt StV 85, 463).[320] Auch die Tatsache, dass der Beschuldigte einen Wohnsitz im Ausland hat, egal ob deutscher Staatsbürger oder nicht, begründet *für sich allein* keine Fluchtgefahr. Dieser Umstand kann aber bei der Würdigung der Gesamtsituation berücksichtigt werden.[321]

cc) Verdunkelungsgefahr

Verdunkelungsgefahr besteht, wenn das Verhalten des Beschuldigten den dringenden Tatverdacht begründet, dass er durch bestimmte Handlungen versucht, die persönlichen und materiellen Beweismittel zu beeinflussen, um die Aufdeckung der Wahrheit zu erschweren.[322] Die Anordnung der Untersuchungshaft wegen Verdunkelungsgefahr ist gerechtfertigt, wenn der Beschuldigte versucht, gesetzwidrigen Einfluss auf Zeugen und Sachverständige auszuüben oder Bemühungen unternimmt, mit der Straftat in Zusammenhang stehende Beweise zu unterdrücken, zu verändern, oder sonst wie zu verfälschen, also ein prozessordnungswidriges Verhalten an den Tag legt.[323] Die bloße Möglichkeit, dass diese Handlungen vorgenommen wurden, ist allerdings nicht ausreichend. Es muss eine große Wahrscheinlichkeit

---

316 *Ebd.*, S. 122.
317 *OLG Karlsruhe* NJW 1978, 333.
318 *KK-graf* §112 Rn 19; *Hellmann* Rn. 225; *SK-Paeffgen* §112 Rn. 25 f. mwN.
319 *Kindhäuser, Urs*: Strafprozessrecht, S. 122.
320 *Roxin, Claus; Schünemann, Bernd*: Juristische Kurz-Lehrbücher, Strafverfahrensrecht, S. 240.
321 *Goßner-Meyer, Lutz; Schmitt, Bertram*: Strafprozessordnung, S. 531.
322 *Ebd.*, S. 534.
323 *Kindhäuser, Urs*: Strafprozessrecht, S. 124. *Goßner-Meyer, Lutz. Schmitt, Bertram*: Strafprozessordnung, S. 534.

dafür geben, dass der Beschuldigte Verdunkelungshandlungen vorgenommen und dabei vorsätzlich gehandelt hat.[324]
Nach gültiger Rechtsprechung darf eine Verdunkelungsgefahr nicht automatisch aus den im konkreten Fall vorhandenen Möglichkeiten geschlussfolgert werden. Die Gefahr muss auf bestimmten Tatsachen beruhen,[325] das heißt, das Verhalten, die Lebensumstände oder die persönlichen Verhältnisse des Beschuldigten müssen eine solche Gefahr begründen.[326] Es ist also immer nötig, die konkrete Gefahr der Verdunkelung aufzuzeigen, die Absicht allein genügt nicht.[327] Untersuchungshaft kann auch nicht angeordnet werden, wenn die Verdunkelungshandlungen nicht dazu geeignet sind, die Wahrheitsermittlung zu erschweren.[328] Gleiches gilt, wenn der Sachverhalt bereits in vollem Umfange aufgeklärt ist oder der Beweis derart gesichert ist, dass der Beschuldigte die Ermittlung der Wahrheit nicht mehr verhindern kann (Fezer 5/9; Kleinknecht JZ 65, 116).[329] Das ist der Fall, wenn es: a) ein gesichertes Geständnis gibt;[330] b) richterlich protokollierte Aussagen unbeeinflussbarer Zeugen oder Mitbeschuldigter gibt;[331] c) Fingerabdrücke oder sichergestellte Tatwerkzeuge gibt.[332]

Möchte sich der Beschuldigte nicht äußern und zieht es vor, zu schweigen, darf dieses Verhalten nicht als Verdunkelungsgefahr ausgelegt werden.[333] Unzulässig ist Untersuchungshaft auch im Sinne einer *Beugehaft* mit dem Ziel, den Beschuldigten zum Geständnis zu zwingen, denn nach dem Prinzip *nemo tenetur* kann der Beschuldigte nicht dazu gezwungen werden, gegen seine eigenen Interessen mit den Ermittlungsorganen zusammen zu

---

324 *Goßner-Meyer, Lutz; Schmitt, Bertram*: Strafprozessordnung, S. 534 und 535.
325 *OLG München* NStZ 96, 403
326 *Satzger, Helmut; Schluckebier, Wilhelm; Widmaier, Gunter*: Strafprozessordnung, S. 616.
327 *Goßner-Meyer Lutz; Schmitt, Bertram*: Strafprozessordnung, S. 535.
328 *Ebd.*, S. 535.
329 *Ebd.*, S. 535.
330 *Düsseldorf StV* 84, 339; *Stuttgart StV* 05, 225.
331 *Karlsruhe* NjW 93, 1148; *LG Hamburg StV* 00,373; *LG Oldenburg StV* 83, 248.
332 *Goßner-Meyer, Lutz; Schmitt, Bertram*: Strafprozessordnung, S. 534 und 535.
333 *OLG Köln StV* 1992,383; *OLG München StV* 1995,86.

arbeiten.³³⁴ Verdunkelungsgefahr besteht auch nicht, wenn sich der Beschuldigte nur weigert, Mittäter der Straftat zu benennen.³³⁵ Mit Abschluss der Ermittlungen und Erhebung der öffentlichen Klage verschwindet die Verdunkelungsgefahr nicht automatisch.³³⁶ Die Haftanordnung auf der Grundlage von Verdunkelungsgefahr darf in der Regel erst nach Abschluss des Verfahrens im letzten Tatsachenrechtszug aufgehoben werden, denn danach gibt es keine Möglichkeit mehr, die Strafermittlung und Beweiserhebung zu beeinflussen.³³⁷

dd) Vorliegen eines Kapitalverbrechens

Nach § 112 Abs. 3 StPO können auch Schwerverbrechen ein Haftgrund für die Untersuchungshaft sein. Hierunter fallen: a) Völkermord; b) Bildung einer terroristischer Vereinigung; c) Mord; d) Totschlag; e) schwere Körperverletzung; f) besonders schwere Brandstiftung; g) Brandstiftung mit Todesfolge; h) das Herbeiführen einer Sprengstoffexplosion soweit durch die Tat Leib oder Leben eines anderen gefährdet worden ist. Nach § 112 Abs. 3 StPO stellt der dringende Verdacht, dass der Beschuldigte eines der genannten schweren Verbrechens begangen hat, einen Haftgrund dar.³³⁸ § 112 Abs. 3 StPO rechtfertigt ausdrücklich die Anordnung von Untersuchungshaft bei Vorliegens eines *Kapitalverbrechens*, ohne dass eine Voraussetzung aus § 112 Abs. 2 (Flucht, Fluchtgefahr, Verdunkelungsgefahr) gegeben sein muss. Damit liefert der §112 Abs. 3 eine unabhängige Voraussetzung.

Nach Lehrmeinung ist die Voraussetzung *Vorliegen eines Kapitalverbrechens* ein schwerer Verstoß gegen den Verhältnismäßigkeitsgrundsatz,³³⁹ weil die U-Haft nicht als vorweggenommene Strafe missbraucht werden darf, sondern nur der Beweissicherung und Verfahrensdurchführung dienen

---

334 *Heger, Martin*: Strafprozessrecht, Studienreihe Rechtswissenschaften, S. 100 und 101.
335 *OLG Köln StV* 1999, 37; *LG Verden StV* 1982, 374.
336 *Frankfurt StV* 94, 583; aM Krekeler wistra 82, 10. *Goßner-Meyer, Lutz*; *Schmitt, Bertram*: Strafprozessordnung, S. 535 und 536.
337 *CELLE NJW* 63, 1264; *NStE Nr.10*; *Naumburg StV* 95, 259 L.. *Goßner-Meyer, Lutz*; *Schmitt, Bertram*: Strafprozessordnung, S. 536.
338 *Heger, Martin*: Strafprozessrecht, Studienreihe Rechtswissenschaften, S. 101.
339 *Joecks, Wolfgang*: Strafprozessordnung, S. 273. *Goßner-Meyer, Lutz*; *Schmitt, Bertram*: Strafprozessordnung, S. 536.

darf.[340] Darum hat das Bundesverfassungsgericht zur verfassungskonformen Auslegung § 112 Abs. 3 eine Einschränkung gemacht.[341] Nämlich „dass der Erlass eines Haftbefehls nur zulässig ist, wenn Umstände vorliegen, die die Gefahr begründen, dass ohne Festnahme des Beschuldigten die alsbaldige Aufklärung und Ahndung der Tat gefährdet sein könnte".[342] Somit hat das BVerfG entschieden, dass bei dringendem Tatverdacht auf ein Kapitalverbrechen nur dann Untersuchungshaft zulässig ist, wenn auch die Voraussetzungen *Fluchtgefahr* und/oder *Verdunkelungsgefahr* und/oder *Wiederholungsgefahr* vorliegen.[343] Allerdings wird in diesem Fall an das Vorhandensein der Voraussetzungen keine so hohen Anforderungen gestellt wie in Abs. 2, sondern es genügt bereits das Vorhandensein einer geringeren Intensität von Flucht- oder Verdunkelungsgefahr.[344] Die Lehre schlussfolgert, dass durch diese Stellungnahme des BVerfG vermieden wird, dass Untersuchungshaft wegen *Erregung der Bevölkerung* angeordnet wird, wie im Dritten Reich geschehen.[345]

ee) Wiederholungsgefahr

Der Haftgrund der Wiederholungsgefahr schafft die Möglichkeit einer Sicherungshaft zum Schutz der Allgemeinheit vor weiteren erhebliche Straftaten besonders gefährlicher Täter.[346] Ohne Zweifel stellt die *Wiederholungsgefahr* einen Fremdkörper in den Haftvoraussetzungen dar, da sie nicht die Funktion erfüllt, die Ermittlung der Straftat sicherzustellen oder die Strafvollstreckung sicherzustellen, sondern es handelt sich um eine Vorbeugemaßnahme.[347] Das ist für einen Rechtsstaat eine problematische Situation, weil es zur Freiheitsentziehung auf Grund eines unbewiesenen

---

340 *Heger, Martin*: Strafprozessrecht, Studienreihe Rechtswissenschaften, S. 101. *Kindhäuser, Urs*: Strafprozessrecht, S. 125.
341 *BVerGE* 19, 343 (350).
342 *BVerGE* 19, 343 (350).
343 *BVerGE* 19, 343 (350).
344 *Roxin, Claus; Schünemann, Bernd*: Juristische Kurz-Lehrbücher, Strafverfahrensrecht, S. 241.
345 *Kindhäuser, Urs*: Strafprozessrecht, S. 125. *Roxin, Claus; Schünemann, Bernd*: Juristische Kurz-Lehrbücher, Strafverfahrensrecht, S. 240.
346 *Goßner-Meyer, Lutz; Schmitt, Bertram*: Strafprozessordnung, S. 537.
347 *Heger, Martin*: Strafprozessrecht, Studienreihe Rechtswissenschaften, S. 101.

Verdachts kommt.³⁴⁸ Trotzdem hat das Bundesverfassungsgericht nach Überprüfung der alten Fassung des § 112 Abs. 3 in Bezug auf die dort genannten Sexualstraftaten die Voraussetzung *Wiederholungsgefahr* nur für einen sehr eng begrenzten Kreis von Ausnahmefällen bestätigt. Sie hat diese Voraussetzung nur darum als verfassungskonform erklärt, weil es um den Schutz eines besonders schutzbedürftigen Kreises der Bevölkerung vor mit hoher Wahrscheinlichkeit drohenden schweren Straftaten geht.³⁴⁹

Auf gleiche Weise hat das BVerfG auch den sich nicht auf Sexualstrafen beschränkenden §112a Abs. 1 Nr. 2 für verfassungskonform erklärt, bei dem schon der Gesetzgeber selbst Einschränkungen getroffen hatte, nämlich erhebliche Kriminalität, konkreter Verdacht einer fortgesetzten und schwerwiegenden Beeinträchtigung des Rechtsfriedens, Wahrung des Verhältnismäßigkeitsgrundsatzes (§§116 III, 122a).³⁵⁰ § 116 III bestimmt, dass der Richter den Vollzug eines nach § 112a erlassenen Haftbefehls aussetzen kann, wenn hinreichend begründet ist, dass der Beschuldigte bestimmte Anweisungen befolgen wird und dass dadurch der Zweck der Haft erreicht wird – die Haft damit also nicht mehr notwendig ist. In den Fällen des § 121 Abs. 1 darf der Vollzug der Haft nicht länger als ein Jahr aufrechterhalten werden, wenn sie auf den Haftgrund des § 112a gestützt ist. Nicht nur das Bundesverfassungsgericht hat die Verfassungsmäßigkeit dieser Norm festgestellt, sondern auch die Europäische Menschenrechtskonvention enthält ausdrücklich die Voraussetzung *Wiederholungsgefahr* (Art. 5 I c EMRK), solange es nicht zu einer Verletzung des Unschuldvermutungsgrundsatzes kommt (Art. 6 II EMRK).³⁵¹

§ 112a Abs. 1 Nr.1 nennt die Straftaten gegen die sexuelle Selbstbestimmung nach StGB, bei denen Untersuchungshaft auf Grund von *Wiederholungsgefahr* zulässig ist, nämlich sexueller Missbrauch von Schutzbefohlenen; sexueller Missbrauch von Gefangenen, behördlich Verwahrten oder Kranken und Hilfsbedürftigen in Einrichtungen; sexueller Missbrauch von Kindern; schwerer sexueller Missbrauch von

---

348 *Roxin*, Claus; *Schünemann*, Bernd: Juristische Kurz-Lehrbücher, Strafverfahrensrecht, S. 241.
349 *BVerGE* 19, 342 (350).
350 *BVerGE* 35, 185.
351 *Kindhäuser*, Urs: Strafprozessrecht, S. 126.

Kindern; sexueller Missbrauch von Kindern mit Todesfolge; sexuelle Nötigung und Vergewaltigung; sexuelle Nötigung und Vergewaltigung mit Todesfolge; sexueller Missbrauch widerstandsunfähiger Personen und Nachstellung. Bei den hier genannten Straftaten ist nach § 112a Abs. 1 S. 1 nur *dringender Tatverdacht* für die Zulässigkeit der Untersuchungshaft nötig.[352]

Für die Zulässigkeit von Untersuchungshaft bei den Straftaten nach § 112a Abs. 1 Nr. 2 StPO, müssen weitere Voraussetzungen gegeben sein. Der dringende Tatverdacht allein reicht nicht aus. Die Straftaten müssen *wiederholt* und *fortgesetzt* begangen worden sein.[353] Wiederholt bedeutet, „mindestens zweimal durch rechtlich selbständige Handlungen" (StGB § 53 *Tatmehrheit*)[354-355] und *fortgesetzt* bedeutet „eine fortgesetzte Handlung, die sich aus entsprechenden Einzelhandlungen zusammensetzt"[356] verbunden mit einer *schwerwiegenden Beeinträchtigung der Rechtsordnung*, das heißt, Art und Ausmaß des Schadens müssen bei jeder einzelnen Tat erheblich sein.[357] Außerdem muss eine Strafe von mehr als einem Jahr Freiheitsstrafe zu erwarten sein. Unter Berücksichtigung dieser Voraussetzungen sind die Straftaten, die nach § 112 a die Anordnung der Untersuchungshaft zulassen folgende: § 89a, § 125a, §§ 224 bis 227, §§ 243, 244, 249 bis 255, 260, §263, §§ 306 bis 306c oder § 316a StGB oder § 29 Abs. 1 Nr. 1, 4, 10 oder Abs. 3, § 29a Abs. 1, § 30 Abs. 1, § 30a Abs. 1 BtMG.

Die Anordnung der Untersuchungshaft mit dem Haftgrund *Wiederholungsgefahr* unterliegt doppelter Subsidiarität.[358] Erstens kann die Untersuchungshaft auf Grund von § 112a nur dann angeordnet werden, wenn

---

352 *Heger, Martin*: Strafprozessrecht, Studienreihe Rechtswissenschaften, S. 101 und 102.
353 *Goßner-Meyer, Lutz; Schmitt, Bertram*: Strafprozessordnung, S. 537 und 538.
354 *§ 53 Abs. 1 StGB: Hat jemand mehrere Straftaten begangen, die gleichzeitig abgeurteilt werden, und dadurch mehrere Freiheitsstrafen oder mehrere Geldstrafen verwirkt, so wird auf eine Gesamtstrafe erkannt.*
355 *Goßner-Meyer, Lutz; Schmitt, Bertram*: Strafprozessordnung, S. 538.
356 *Frankfurt StV 84, 159. Goßner-Meyer, Lutz; Schmitt, Bertram*: Strafprozessordnung, S. 538.
357 *BVerfGE 35, 185, 192 = NJW 73, 1363, 1365. Goßner-Meyer, Lutz; Schmitt, Bertram*: Strafprozessordnung, S. 538.
358 *Satzger, Helmut; Schluckebier, Wilhelm; Widmaier, Gunter*: Strafprozessordnung, S. 629.

keine Haftgründe nach § 112 (Flucht, Fluchtgefahr, Verdunkelungsgefahr) gegeben sind. Zweitens muss überprüft werden, ob nicht die Aussetzung des Vollzugs der U-Haft nach § 116 Abs. 1, 2 in Frage kommt.[359] Falls keine der erwähnten Voraussetzungen zutreffen, muss noch geprüft werden, ob Untersuchungshaft wegen *Wiederholungsgefahr* angeordnet werden kann. Hierbei ist § 116 III zu beachten.[360]

Die Wiederholungsgefahr muss durch bestimmte Tatsachen begründet werden, die eine so starke innere Neigung des Beschuldigten zu einschlägigen Taten erkennen lassen, dass die Besorgnis begründet ist, er werde die Serie gleichartiger Taten noch vor einer Verurteilung wegen der Anlasstat fortsetzen.[361] Außer den bereits genannten Voraussetzungen müssen auch die Vorstrafen des Beschuldigten berücksichtigt werden, die Zeiträume zwischen den Straftaten, die Umstände der Tatbegehung, die Persönlichkeitsstruktur und das soziale Umfeld des Beschuldigten.[362] Hat der Beschuldigte bisher keine einschlägigen oder ähnlichen Straftaten begangen, muss besonders sorgfältig geprüft werden, ob bestimmte Tatsachen die Gefahr der Wiederholung weiterer erheblicher Straftaten gleicher Art begründen.[363] Allerdings bleiben Vorverurteilungen zu jugendgerichtlichen Zuchtmitteln außer Betracht.[364] Schließlich muss die Sicherungshaft *erforderlich* sein. Können die Gefahren, die vom Beschuldigten ausgehen auch durch andere Maßnahmen abgewendet werden, wie Entzugstherapie für Drogenabhängige oder stationäre psychotherapeutische Behandlung von Sittlichkeitsverbrechern, ist die Untersuchungshaft unzulässig.[365]

---

359 *Ebd.*, S. 629.
360 *Ebd.*, S. 629 und 630.
361 Karlsruhe StraFO 10, 198; Oldenburg StraFO 12, 186. *Goßner-Meyer, Lutz; Schmitt, Bertram:* Strafprozessordnung, S. 539.
362 Bremen NStZ-RR 01,220. *Goßner-Meyer, Lutz; Schmitt, Bertram:* Strafprozessordnung, S. 539.
363 Dresden StV 06, 534; Frankfurt StV 10, 583; Hohmann StraFO 99, 213. *Goßner-Meyer, Lutz; Schmitt, Bertram:* Strafprozessordnung, S. 539.
364 Oldenburg, StV 10, 139. *Goßner-Meyer, Lutz; Schmitt, Bertram:* Strafprozessordnung, S. 539.
365 Frankfurt StV 92, 425. *Goßner-Meyer, Lutz; Schmitt, Bertram:* Strafprozessordnung, S. 539.

IV. Einschränkung der Untersuchungshaft

In § 113 StPO wird die Verhältnismäßigkeit durch die Einschränkung der Untersuchungshaft im Falle von Straftaten geringer Bedeutung konkretisiert.[366] Wenn die Straftat nur mit Freiheitsstrafe bis zu sechs Monaten oder Geldstrafe bis zu 180 Tagessätzen bedroht ist, ist die Untersuchungshaft wegen Verdunkelungsgefahr nicht zulässig. In diesen Fällen kann Untersuchungshaft nur angeordnet werden, wenn a) der Beschuldigte sich bereits früher einem Strafverfahren entzogen hatte oder konkrete Vorbereitungen zur Flucht getroffen hat; b) keinen festen Wohnsitz oder Aufenthaltsort im Geltungsbereich des Gesetzes hat; c) sich nicht ausweisen kann. Aus § 113 folgt, dass Untersuchungshaft *zulässig* ist, wenn die Tat nicht mit Freiheitsstrafe aber mit einer Geldstrafe von *über* 180 Tagessätzen bedroht ist.[367] Hier steht die *Verhältnismäßigkeit* der Anordnung der Untersuchungshaft häufig entgegen (Wagner NJW 78, 2002)[368], weil es unverhältnismäßig wäre, jemanden zu inhaftieren, wenn die zu erwartende Strafe für die konkrete Tat nur eine Geldstrafe ist.

Zusammenfassend kann man sagen, dass bei geringen Verstößen, die mit höchsten 6 Monaten Freiheitsentzug oder 180 Tagessätzen bedroht sind, in der Regel keine Untersuchungshaft zulässig ist. Auf Grund von *Verdunkelungsgefahr* darf unter diesen Umständen keine Untersuchungshaft angeordnet werden. Der Haftgrund *Fluchtgefahr* ist nur anwendbar, wenn die Voraussetzungen nach § 113 Abs. 2 Nr.1, 2, 3 gegeben sind. Diese Situation nennt die Lehre *besonders qualifizierte Fluchtgefahr*.[369] Dies trifft zu, wenn der Beschuldigte bereits einmal während eines Verfahrens geflohen ist oder Anstalten zur Flucht gemacht hat. Dann ist Untersuchungshaft auch bei einer Straferwartung von unter als 6 Monaten Freiheitsentzug oder 180 Tagessätzen Geldstrafe zulässig. Gleiches trifft zu, wenn der Beschuldigte keinen festen Aufenthalt hat. Unter festem Aufenthalt versteht man den

---

366 *Satzger, Helmut; Schluckebier, Wilhelm; Widmaier, Gunter*: Strafprozessordnung, S. 630.
367 *Düsseldorf NJW 97, 2965. Goßner-Meyer, Lutz; Schmitt, Bertram*: Strafprozessordnung, S. 540.
368 *Goßner-Meyer, Lutz; Schmitt, Bertram*: Strafprozessordnung, S. 540.
369 *Satzger, Helmut; Schluckebier, Wilhelm; Widmaier, Gunter*: Strafprozessordnung, S. 631.

Ort, an dem der Beschuldigte wenigstens für eine bestimmte Zeit erreichbar ist.[370] Schließlich kann Untersuchungshaft angeordnet werden, wenn der Beschuldigte sich nicht ausweisen will oder gefälschte Personalien angibt.[371]

V. Aussetzung des Vollzugs

Soweit sichergestellt wird, dass der Zweck der U-Haft erreicht wird, *muss* oder *kann* der Haftbefehl außer Vollzug gesetzt werden und durch weniger einschneidende Maßnahmen ersetzt werden (§116).[372] Ein lediglich wegen *Fluchtgefahr* angeordneter Haftbefehl *muss* außer Vollzug gesetzt, wenn begründet werden kann, dass auch mit leichteren Maßnahmen der Zweck der Untersuchungshaft erreicht werden kann. Ein wegen *Verdunkelungsgefahr* angeordneter Haftbefehl *kann* außer Vollzug gesetzt werden, wenn begründet werden kann, dass auch mit leichteren Maßnahmen die Verdunkelungsgefahr erheblich vermindert wird. Da im zweiten Fall der Erfolg der Maßnahme zweifelhaft ist, bleibt die Aussetzung der U-Haft in diesem Fall fakultativ.[373]

Besteht beim Beschuldigten Fluchtgefahr, kann die Anordnung der Untersuchungshaft durch folgende Ersatzmaßnahmen ersetzt werden, solange der Zweck der U-Haft erhalten bleibt: a) eine Auflage, sich zu bestimmten Zeiten beim Richter, den Strafverfolgungsbehörden oder einer von ihnen bestimmten Dienststelle zu melden (Meldepflicht); b) die Anweisung, den Wohnort oder einen anderen bestimmten Ort nicht ohne Genehmigung von Seiten des Richters oder der Strafverfolgungsbehörde zu verlassen; c) Hausarrest; d) Sicherheitsleistung; e) elektronische Fußfessel.[374] Eine Kombination verschiedener Auflagen ist möglich und in der Praxis auch üblich.[375] Handelt es sich beim Haftgrund um *Verdunkelungsgefahr,* kann

---

370 *Goßner-Meyer, Lutz; Schmitt, Bertram*: Strafprozessordnung, S. 540.
371 *KK-Graf* 6 – *Goßner-Meyer, Lutz; Schmitt, Bertram*: Strafprozessordnung, S. 540.
372 *Roxin, Claus; Schünemann, Bernd*: Juristische Kurz-Lehrbücher, Strafverfahrensrecht, S. 249.
373 *Ebd.*, S. 249.
374 *Ebd.*, S. 249.
375 *Satzger, Helmut; Schluckebier, Wilhelm; Widmaier, Gunter*: Strafprozessordnung, S. 664.

dem Beschuldigten aufgegeben werden, keinen Kontakt zu bestimmten Personen, namentlich Mitbeschuldigten, Zeugen oder Sachverständigen aufzunehmen (Kontaktaufnahmeverbot).[376] Die Person, zu der kein Kontakt aufgenommen werden darf, ist konkret und eindeutig zu benennen.[377] Das Kontaktverbot darf keinesfalls den Verteidiger einschließen. Falls der Verdacht besteht, der Verteidiger greife in die Beweiserhebung ein, kann dieser nur aus dem Verfahren ausgeschlossen werden (§ 138a StPO).[378] Auch wenn § 116 es nicht ausdrücklich bestimmt, so folgt aus Teilen der alten Rechtsprechung, aus den meisten jüngsten Urteilen und auch aus der überwiegenden Lehrmeinung, dass im Falle von Verdunkelungsgefahr die U-Haft gegen Erbringung einer Sicherheitsleistung außer Vollzug gesetzt werden kann.[379]

Der Richter *kann* auch den Vollzug eines nach § 122a (Wiederholungsgefahr) erlassenen Haftbefehls aussetzen, wenn es ausreichende Gründe gibt anzunehmen, dass der Beschuldigte bestimmte Auflagen einhalten wird und dass damit der Zweck der U-Haft erreicht wird. Neben den bereits erwähnten Maßnahmen kommt in Betracht, dem Beschuldigten aufzuerlegen, sich einer ärztlichen, psychiatrischen oder psychotherapeutischen Behandlung zu unterziehen.[380] Polemisch diskutiert wird die Frage der Aussetzung des Vollzugs des Haftbefehls beim Haftgrund *Vorliegen eines Kapitalverbrechens*, denn diese Voraussetzung verfolgt keinen vorbeugenden oder verfahrenssichernden Zweck.[381] Auch bestimmt § 116 das Vorliegen eines Kapitalverbrechnes nicht im Wortlaut. Seitdem das Bundesverfassungsgericht klar gestellt hat, dass § 112 III ausschließlich zur Sicherung des Verfahrens angewendet werden darf, ergibt sich aus dem Verhältnismäßigkeitsprinzip, dass die U-Haft auch bei Kapitalverbrechen außer Vollzug gesetzt werden kann, wenn mit milderen Mitteln das gleiche Ziel erreicht

---

376 *Ebd.*, S. 664.
377 *Ebd.*, S. 665.
378 *Ebd.*, S. 665.
379 *Ebd.*, S. 665.
380 *Ebd.*, S. 665.
381 *Roxin, Claus; Schünemann, Bernd*: Juristische Kurz-Lehrbücher, Strafverfahrensrecht, S. 249.

werden kann.[382] Die Untersuchungshaft ist also das Mittel der *ultima ratio*, wenn es keine milderen Mittel mehr gibt, um die Durchführung des Verfahrens sicherzustellen.[383]

Der Vollzug der Untersuchungshaft wird vom Richter auf Antrag der Staatsanwaltschaft oder des Beschuldigten oder von Amts wegen ausgesetzt.[384] Wird der Antrag nicht von der Staatsanwaltschaft gestellt, ist diese aber nach § 33 II StPO vor einer Entscheidung zu hören.[385] Die Aussetzung des Vollzuges der U-Haft kann bei Erlass des Haftbefehls und auch erst nach der Verhaftung angeordnet werden.[386] Nach § 116 Abs. 4 hebt der Richter die Aussetzung des Haftbefehls bei den Haftgründen Fluchtgefahr, Verdunkelungsgefahr und Wiederholungsgefahr wieder auf, wenn a) der Beschuldigte sich in gröblicher Weise nicht an die ihm auferlegten Pflichten und Beschränkungen hält; b) der Beschuldigte Vorbereitungen zur Flucht unternimmt, unentschuldigt einer Ladung nicht folgt oder auf andere Weise zu erkennen gibt, dass das in ihn gelegte Vertrauen nicht gerechtfertigt war; c) neue Umstände auftreten, die die Inhaftierung erforderlich machen. Zusammenfassend kann man sagen, dass der Grund für den Widerruf der Haftverschonung der Verlust der Vertrauensgrundlage ist.[387]

VI. Aufhebung des Haftbefehls

Nach Erlass des Untersuchungshaftbefehls und der Festnahme des Beschuldigten, ist dieser unverzüglich dem Richter vorzuführen, der den Haftbefehl erlassen hat (§ 115 Abs. 1. StPO).[388] Spätestens am nächsten Tag (Art. 104 Abs. 2 GG; §115 Abs. 2 StPO) muss der Haftrichter dem Beschuldigten den Haftbefehl eröffnen (§114a), ihn belehren und vernehmen (§115 Abs. 2 u.

---

382 *Ebd.*, S. 249.
383 *Satzger, Helmut; Schluckebier, Wilhelm; Widmaier, Gunter*: Strafprozessordnung, S. 666.
384 *Goßner-Meyer, Lutz; Schmitt, Bertram*: Strafprozessordnung, S. 560.
385 *Ebd.*, S. 560.
386 *Roxin, Claus; Schünemann, Bernd*: Juristische Kurz-Lehrbücher, Strafverfahrensrecht, S. 250.
387 *Satzger, Helmut; Schluckebier, Wilhelm; Widmaier, Gunter*: Strafprozessordnung, S. 667.
388 *Heger, Martin*: Strafprozessrecht, Studienreihe Rechtswissenschaften, S. 102 und 103.

3).[389] Danach wird der Richter entscheiden, ob der Haftbefehl: a) aufrechterhalten wird; b) außer Vollzug gesetzt wird (§116); oder c) aufgehoben wird.[390] Der Haftrichter hebt nach der Vernehmung des Beschuldigten den Haftbefehl von Amts wegen auf, wenn die Voraussetzungen für die Untersuchungshaft nicht weiter gegeben sind (§120 Abs. 1 Satz 1 Alt: 1).[391] Das heißt, der *dringende Tatverdacht* oder eine der folgenden Voraussetzungen ist nachweislich weggefallen: a) Flucht; b) Fluchtgefahr; c) Verdunkelungsgefahr; d) Vorliegen eines Kapitalverbrechens; e) Wiederholungsgefahr.

Die Haftanordnung kann auch von Amts wegen aufgehoben werden, wenn sich herausstellt, dass die Fortführung der Untersuchungshaft unverhältnismäßig zur Bedeutung der Sache und zur Straferwartung oder zur erwartenden Sicherheitsmaßnahme ist – zum Beispiel wenn sich der nicht verurteile Angeklagte bereits solange in U-Haft befindet, dass es zu fast ⅔ der zu erwartenden Freiheitsstrafe entspricht. Diese Haftzeit ist nach §57 StGB Voraussetzung für eine Aussetzung der Strafhaft auf Bewährung.[392] Eine andere Möglichkeit zur Aufhebung der Untersuchungshaft entsteht, wenn: a) ein Freispruch ergeht; b) die Eröffnung des Hauptverfahrens abgelehnt wird; c) das Verfahren wegen eines endgültigen Verfahrenshindernisses eingestellt wird.[393] Gibt es weitere Haftbefehle gegen dieselbe Person wegen anderer Straftaten, dann sollen diese nicht gleichzeitig vollzogen werden (Überhaft). Somit führt die Aufhebung eines Haftbefehls nicht automatisch zur Entlassung des Beschuldigten.[394] Die Einlegung eines Rechtsmittels hemmt die Entlassung des Beschuldigten nicht. Wird die Untersuchungshaftanordnung vom Oberlandesgericht in Folge Freispruchs des Angeklagten aufgehoben aber die Staatsanwaltschaft legt Revision beim Bundesgerichtshof wegen offensichtlicher Verfahrensfehler ein, dann hindert das die Freilassung des Angeklagten nicht. Es kann jedoch erneut

---

389 *Ebd.*, S. 103.
390 *Ebd.*, S. 103.
391 Heger, Martin: Strafprozessrecht, Studienreihe Rechtswissenschaften, S. 102 und 103. Roxin, Claus; Schünemann, Bernd: Juristische Kurz-Lehrbücher, Strafverfahrensrecht, S. 250.
392 Roxin, Claus; Schünemann, Bernd: Juristische Kurz-Lehrbücher, Strafverfahrensrecht, S. 250.
393 Heger, Martin: Strafprozessrecht, Studienreihe Rechtswissenschaften, S. 103.
394 Kindhäuser, Urs: Strafprozessrecht, S. 127.

Untersuchungshaft angeordnet werden, wenn der BGH den Freispruch kassiert.[395]

Außer den aufgezeigten Möglichkeiten, kann ein Haftbefehl bis zur Erhebung der öffentlichen Klage widerrufen werden, wenn die Staatsanwaltschaft es so verlangt. In diesem Fall ist der Richter ausnahmsweise an die Entscheidung der Staatsanwaltschaft gebunden, da in diesem Abschnitt des Verfahrens die Staatsanwaltschaft Herrin des Ermittlungsverfahrens ist.[396] Die Staatsanwaltschaft kann den vom Richter erlassenen Haftbefehl jedoch nicht selbst aufheben.[397] Gleichzeitig mit der Antragstellung, also noch vor Aufhebung des Haftbefehls, kann die Staatsanwaltschaft die Freilassung des Beschuldigten anordnen (§ 120 III). Die Aufhebung des Haftbefehls durch den Richter muss nicht abgewartet werden.[398] Der Antrag der Staatsanwaltschaft hebt den Haftbefehl zwar nicht auf, er hat aber eine bindende Wirkung, da die Staatsanwaltschaft die Herrschaft über das Verfahren hat.[399] Obwohl in § 120 III das Wort *kann* benutzt wird, hat die Staatsanwaltschaft hier aber keinen Ermessensspielraum sondern *muss* diese Möglichkeit immer nutzen.[400] Die Bindungswirkung des § 120 III ist nur während des Ermittlungsverfahrens vorhanden.[401] Mit der Anklageerhebung verliert die Staatsanwaltschaft die Befugnis zur Antragstellung.[402]

§ 121 StPO konkretisiert das Beschleunigungsgebot in Haftsachen.[403] Danach darf die Untersuchungshaft für ein und dieselbe Straftat und solange kein Urteil gefällt wurde sechs Monate nicht überschreiten. Danach *muss* sie aufgehoben werden, es sei denn, dass wegen bestimmter Schwierigkeiten

---

395 *Roxin, Claus; Schünemann, Bernd*: Juristische Kurz-Lehrbücher, Strafverfahrensrecht, S. 250.
396 *Kindhäuser, Urs*: Strafprozessrecht, S. 132; *Roxin, Claus; Schünemann, Bernd*: Juristische Kurz-Lehrbücher, Strafverfahrensrecht, S. 250.
397 *Kindhäuser, Urs*: Strafprozessrecht, S. 132; *Roxin, Claus; Schünemann, Bernd*: Juristische Kurz-Lehrbücher, Strafverfahrensrecht, S. 250.
398 *Goßner-Meyer, Lutz; Schmitt, Bertram*: Strafprozessordnung, S. 585.
399 *Satzger, Helmut; Schluckebier, Wilhelm; Widmaier, Gunter*: Strafprozessordnung, S. 717.
400 *Kindhäuser, Urs*: Strafprozessrecht, S. 132.
401 *Satzger, Helmut; Schluckebier, Wilhelm; Widmaier, Gunter*: Strafprozessordnung, S. 717.
402 *Ebd.*, S. 717.
403 *Ebd.*, S. 720.

oder wegen dem ungewöhnlichen Ausmaß der Ermittlungen oder wegen eines anderen wichtigen Grundes ein Urteilsspruch noch nicht möglich ist, was die Fortdauer der Untersuchungshaft rechtfertigt. Die Frist beginnt nicht mit der vorläufigen Festnahme sondern erst mit dem Erlass des Haftbefehls nach § 128 II S. 2.[404] Auch wenn es in der Lehre[405] widersprüchliche Anschauungen gibt, muss der rechtliche Ausdruck *dieselbe Tat* nach einem Teil der Literatur im prozessualen Sinne verstanden werden.[406] Wird also innerhalb der Frist von sechs Monaten eine neue Tat entdeckt, beginnt die Frist neu zu laufen.[407] Um zu verhindern, dass die zweite Haftanordnung bis zum Ende der ersten Frist aufgespart wird, geht man davon aus, dass die zweite Frist in dem Moment zu laufen beginnt, in dem die zweite Haftanordnung *hätte* erlassen werden können.[408]

Die Bestimmungen des § 121 I zur Verlängerung der Untersuchungshaft über sechs Monate hinaus (wie zum Beispiel bei ungewöhnlich umfangreichen Ermittlungen) müssen streng gehandhabt werden, denn ansonsten würden sie die Garantien aus Art. 5 III 2 EMRK zur maximalen Untersuchungshaftdauer verletzen. Diese Garantien werden auch durch die Entscheidungen des Europäischen Gerichtshofs für Menschenrechte gestützt.[409] Außerdem hat das Bundesverfassungsgericht entschieden, dass eine *über ein Jahr* andauernde Untersuchungshaft bis zum Beginn der Hauptverhandlung oder bis zum Urteilsspruch nur in ganz besonderen Ausnahmefällen zulässig ist.[410] Man muss den § 121 also EMRK-konform auslegen und eine ungenügende Zahl Mitarbeiter oder Arbeitsüberlastung in der Staatsanwaltschaft, bei Gutachtern oder bei Gericht sind grundsätzlich *kein* wichtiger Grund für die Fortdauer der Untersuchungshaft.[411] Die ungenügende

---

404 *Goßner-Meyer, Lutz; Schmitt, Bertram*: Strafprozessordnung, S. 587.
405 „*Der Begriff "derselben Tat" muss weit ausgelegt werden; er stimmt mit dem prozessualen Tatbegriff nicht überein*".) *Goßner-Meyer, Lutz; Schmitt, Bertram*: Strafprozessordnung, S. 587.
406 *Roxin, Claus; Schünemann, Bernd*: Juristische Kurz-Lehrbücher, Strafverfahrensrecht, S. 251.
407 *Ebd.*, S. 251.
408 *Ebd.*, S. 251.
409 *Ebd.*, S. 251.
410 *BVerfG NStZ* 00, 153; *NJW* 06, 672, 674.
411 „Ständige Rechtsprechung": *BVerfGE NStZ* 94, 553; *BGHSt* 38, 43.

Zahl an Mitarbeitern muss durch geeignete organisatorische Maßnahmen ausgeglichen werden, unter Umständen müssen andere Verfahren, auch Zivilprozesssachen, hinter die Haftsachen zurückgestellt werden.[412] Nach § 121 sind auch Berichterstatterwechsel oder Urlaub der Kammermitglieder kein wichtiger Grund.[413]

VII. Rechtsbehelfe

In der Strafprozessordnung gibt es zwei Rechtsbehelfe, die der Beschuldigte gegen die Untersuchungshaft hat, nämlich *Haftprüfung* und *Haftbeschwerde*.[414] Beide haben die Aufhebung des Haftbefehls oder die Aussetzung des Vollzugs zum Ziel.[415] Die Haftbeschwerde ist neben der Haftprüfung unzulässig (§ 117 II), beide können also nicht gleichzeitig laufen. Das Beschwerdeverfahren ist in Bezug auf das Haftprüfungsverfahren subsidiär.[416] Sollte bereits Haftbeschwerde eingelegt worden sein und wird vor der Entscheidung über die Haftbeschwerde eine Haftprüfung beantragt, wird die Beschwerde unzulässig.[417]

Zur Haftprüfung bestimmt § 117 I, dass der Beschuldigte zu jedem Zeitpunkt durch seinen Anwalt schriftlich eine Haftprüfung beantragen kann und die *Aufhebung* oder die *Aussetzung des Vollzugs* des Haftbefehls fordern kann.[418] Zuständig für die Bearbeitung des Antrages ist nach § 126 der Haftrichter.[419] Unabhängig von den Anträgen des Beschuldigten sind Staatsanwaltschaft bzw. Richter in jedem Verfahrensabschnitt *von Amts wegen* dazu verpflichtet, die Möglichkeit der Aufhebung oder der Vollzugsaussetzung des Haftbefehls zu überprüfen.[420] Der Beschuldigte kann auch eine *mündliche Verhandlung* auf Grundlage von § 117 I i.V.m. §118 I be-

---

412 OLG Köln NJW 73, 912; *Frankfurt StV 82, 584*; OLG Schleswig StV 85,115; KG StV 85, 116.
413 BVerfGE NStZ 94, 93.
414 *Heger, Martin*: Strafprozessrecht, Studienreihe Rechtswissenschaften, S. 103.
415 *Beulke, Werner*: Strafprozessrecht, S. 145.
416 *Kindhäuser, Urs*: Strafprozessrecht, S. 130.
417 *Ebd.*, S. 130.
418 *Satzger, Helmut; Schluckebier, Wilhelm; Widmaier, Gunter*: Strafprozessordnung, S. 677.
419 *Kindhäuser, Urs*: Strafprozessrecht, S. 130.
420 *Ebd.*, S. 130.

antragen.[421] Solange die Untersuchungshaft andauert kann der Beschuldigte beliebig oft einen Antrag auf Haftprüfung stellen. Nach § 118 III darf eine erneute *mündliche Verhandlung* jedoch erst zwei Monate nach Ablehnung des vorhergehenden Antrags verlangt werden.[422]

Weiter hat der Beschuldigte die Möglichkeit, nach §§ 304 I, 310 *Haftbeschwerde* einzulegen.[423] Hält der Richter, der die angefochtene Entscheidung erlassen hat, die Beschwerde für begründet, muss er ihr abhelfen; hält er sie für unbegründet muss er sie innerhalb von drei Tagen der Strafkammer des Landgerichts vorlegen (§73 GVG). Nach § 310 kann gegen diese Entscheidung erneut Beschwerde beim Oberlandesgericht eingelegt werden. Der wichtigste Unterschied zwischen *Haftprüfung* und *Haftbeschwerde* besteht darin, dass der Beschuldigte für eine Haftbeschwerde nicht in Haft sein muss.[424] Die Haftbeschwerde ist also gegen die *Aussetzung des Vollzugs* möglich.[425] Außerdem ist die Haftbeschwerde, anders als die Haftprüfung, mit einem Devolutiveffekt behaftet.[426] Das heißt, kann der Beschwerde nicht durch Richterentscheid abgeholfen werden, wird sie der Strafkammer des Gerichtes vorgelegt.[427] Keiner der beiden Rechtsbehelfe hat Suspensiveffekt.[428]

---

421 *Satzger, Helmut; Schluckebier, Wilhelm; Widmaier, Gunter*: Strafprozessordnung, S. 679.
422 *Kindhäuser, Urs*: Strafprozessrecht, S. 130.
423 *Ebd.*, S. 130.
424 *Ebd.*, S. 130.
425 *Ebd.*, S. 130.
426 *Roxin, Claus; Schünemann, Bernd*: Juristische Kurz-Lehrbücher, Strafverfahrensrecht, S. 253.
427 *Kindhäuser, Urs*: Strafprozessrecht, S. 130.
428 *Satzger, Helmut; Schluckebier, Wilhelm; Widmaier, Gunter*: Strafprozessordnung, S. 676.

E. Fazit

Die vorstehenden Ausführungen haben gezeigt, dass die *Untersuchungshaft* im deutschen und im brasilianischen Recht sehr ähnlich ist. Es gibt große Ähnlichkeiten in der Entwicklungsgeschichte, in den Grundsätzen und in der Verfahrensstruktur. In Deutschland geht die Untersuchungshaft auf die Halsgerichtsordnung Karls V. von 1532 zurück. In Brasilien gibt es erste Aufzeichnungen zu diesem Thema aus dem Jahr 1612, als die Philippinischen Verordnungen galten und das Land noch Kolonie des Vereinigten Königreichs von Portugal war. In den Rechtssystemen beider Länder finden wir den Freiheitsgrundsatz, das Unschuldsvermutungsprinzip, das Beschleunigungsprinzip und den Verhältnismäßigkeitsgrundsatz. Beide Verfassungen bestimmen ausdrücklich einen Richtervorbehalt für die Anordnung der Untersuchungshaft.

Sehr ähnlich sind auch die Normen, die die Untersuchungshaft regeln. Untersuchungshaft kann sowohl vor als auch nach Eröffnung Erkenntnisverfahrens angeordnet werden. In beiden Rechtsordnungen gibt es Kriterien, die die Zulässigkeit der Untersuchungshaft einschränken. Im deutschen und im brasilianischen Recht existieren in den Strafprozessordnungen ausdrückliche Bestimmungen zur Konkretisierung des Verhältnismäßigkeitsprinzips, so ist die Zulässigkeit der Untersuchungs bei minderschweren Straftaten eingeschränkt. Bei Straftaten, deren Höchststrafe sechs Monate Freiheitsentzug oder 180 Tagessätze Geldstrafe nicht überschreiten, ist in Deutschland in der Regel keine Untersuchungshaft auf Grund von *Verdunkelungsgefahr* zulässig. In Brasilien ist in der Regel Untersuchungshaft nur bei *vorsätzlich* begangenen Straftaten, die mit einer Höchststrafe von über vier Jahren Freiheitsentzug bedroht sind zulässig. Auch gibt es in beiden Rechtssystemen alternativ zur Untersuchungshaft andere Maßnahmen, die angeordnet werden können, um die Anordnung oder Aufrechterhaltung der Untersuchungshaft zu vermeiden.

Bei den Haftgründen gibt es Gemeinsamkeiten aber auch punktuelle Unterschiede. In Deutschland ist die erste Voraussetzung der *dringende Tatverdacht,* während es in Brasilien die Voraussetzung *fumus commissi delicti* gibt, das heißt, in der verdächtige Person müssen vernünftige Gründe dafür liegen, dass sie die Tat begangen hat, wenn man sie noch vor der rechtskräftigen Verurteilung inhaftieren will. Die Haftgründe *Flucht* und *Fluchtgefahr* im deutschen Recht entsprechen der Voraussetzung *Sicherstellung der Anwendung des Strafgesetzes* im brasilianischen Recht. Der Haftgrund *Verdunkelungsgefahr* aus der deutschen Strafprozessordnung, hat sein Gegenstück in der *Sicherstellung der Strafermittlung* im brasilianischen Prozessrecht. Die Voraussetzungen *Wiederholungsgefahr* und *Vorliegen eines Kapitalverbrechens*, kann man dem brasilianischen Haftgrund *Sicherstellung der öffentlichen Ordnung* gegenüberstellen, dessen Vorliegen immer vom konkreten Fall unter Berücksichtigung ganz bestimmter, durch die brasiliansiche Rechtsprechung festgelegter Kriterien abhängt. Zur ausdrücklich in der brasilianischen Rechtsordnung bestimmten *Sicherstellung der Wirtschaftsordnung* gibt es im deutschen Recht keine Parallele.

Zwei weitere gemeinsame Punkte finden sich bei der Aufhebung der Untersuchungshaft und den Rechtsbehelfen, die der Beschuldigte nutzen kann, um die vorläufige Freiheit zu erlangen und um dort den Verfahrensausgang zu erwarten. Der Grund für die Aufhebung der Haft ist in Deutschland und in Brasilien der gleiche, nämlich der Wegfall der Voraussetzungen und Gründe für die Anordnung der Untersuchungshaft. Dann muss der Beschuldigte sofort entlassen werden. Im deutschen Prozessrecht gibt es zwei Rechtsbehelfe gegen die Untersuchungshaft: die *Haftprüfung* und die *Haftbeschwerde*. In Brasilien kann der Beschuldigte zu jedem Zeitpunkt *einstweilige Freiheit* beim Richter der ersten Instanz beantragen und gegen diese Entscheidung kann er den Rechtsbehelfe *habeas corpus* beim Landgericht oder beim Regionalbundesgericht (*Tribunal de Justiça* oder *Tribunal Regional Federal*) einlegen.

Zusammengefasst kann man sagen, dass sowohl das deutsche als auch das brasilianische Prozessrecht auf den gleichen demokratischen Fundamenten errichtet wurde, wodurch es viele Gemeinsamkeiten gibt. Die Freiheit soll die Regel sein und die Haft eine Ausnahmemaßnahme, die nur im äußersten Falle angewandt werden darf, denn ansonsten bestünde das Risiko, dass die Untersuchungshaft zur Repressionsmaßnahme verkommt und zu einer vorweggenommen Strafe wird.

Literaturverzeichnis

Alexy, Robert: Theorie der Grundrechte, Suhrkamp-Taschenbuch Wissenschaft, Frankfurt am Main, 1986.

Bader, Karl S.: Die Wiederherstellung rechtsstaatlicher Garatien im deutschen Strafprozess nach 1945, in: Strafprozeß und Rechtsstaat, Festschrift zum 70, Geburtstag von Hans Felix Pfenninger, Zürich 1956, S. 1 (5).

Barros, Romeu de Campos: Processo Penal Cautelar, Forense Verlag, Rio de Janeiro, 1982.

Beulke, Werner: Strafprozessrecht, 12. Auflage, C.F.Müller Verlag, Heidelberg, München, Landsberg, Frechen, Hamburg, 2012.

Bonavides, Paulo: Curso de Direito Constitucional, 15. Auflage, Malheiros Verlag, São Paulo, 2004.

Boris, Fausto: História do Brasil, 2. Auflage, Universidade de São Paulo Verlag, São Paulo, 1995.

Burhoff, Detlef: Neuregelungen in der StPO durch das Gesetz zur Änderung des Untersuchungshaftrechts, erreichbar unter: http://www.burhoff.de/insert/?/veroeff/aufsatz/zap_F22_S489.htm#II

Capez, Fernando: Curso de Processo Penal, 20. Auflage, Saraiva Verlag, São Paulo, 2013.

Cruz, Marcelo Santa: Coragem: a advocacia criminal nos anos de chumbo, Advogado dos direitos humanos, OAB São Paulo (OAB-SP), 2014.

Cruz, Rogerio Schietti Machado: Prisão Cautelar – Dramas, Princípios e Alternativas, 2. Auflage, Lumen Juris Verlag, Rio de Janeiro, 2011.

Ender, Karl: Zur Frage der erneuten Reformbedürftigkeit des §112 StPO, in: Kriminalistik, 1967.

Filho, Antônio Magalhães Gomes; Prado, Geraldo; Badaró, Gustavo Henrique; Moura, Maria Thereza Rocha de Assis; Fernandes, Og: Medidas Cautelares no Processo Penal, Prisões e suas alternativas, Comentários à Lei 12.403, de 04.05.2011, Revista dos Tribunais Verlag, São Paulo, 2012.

Filho, Fernando da Costa Tourinho: Manual de Processo Penal, 15. Auflage, Saraiva Verlag, São Paulo, 2012.

Gama, Angélica Barros: As Ordenações Manuelinas, a tipografia e os descobrimentos: a construção de um ideal régio de justiça no governo do Império Ultramarino português, Revista Navigator (*Zeitschrift*), Band 7, Nr. 13, 2011.

Goßner-Meyer, Lutz; *Schmitt, Bertram*: Strafprozessordnung, Auflage. 57, C.H.Beck Verlag, München, 2014.

Gomes, Luiz Flávio; *Marques, Ivan Luís*; *Bianchinni, Alice*; *Cunha, Rogério Sanches*; *Maciel, Silvio*: Prisão e Medidas Cautelares, Comentários à Lei 12.403, de 4 de maio de 2011, 3. Auflage, Revista dos Tribunais Verlag, São Paulo, 2012.

Gruchmann, Lothar: Justiz im Dritten Reich 1933-1940, Anpassung und Unterwerfung in der Ära Gürtner, Oldenbourg Verlag, 3. Auflage, München, 2001.

Hannich, Rolf: Karlsruher Kommentar zur Strafprozessordnung mit GVG, EGGVG und EMRK, 7. Auflage, C.H.Beck Verlag, München, 2013.

Heger, Martin: Strafprozessrecht, Studienreihe Rechtswissenschaften, W.Kohlhammer Verlag, Stuttgart, 2013.

Holtzendorff, Franz von: Handbuch des deutschen Strafprozessrechts, In Einzelbeiträgen, Erster Band, Berlin 1879.

International Centre for Prison Studies: Highest to Lowest, erreichbar unter: http://www.prisonstudies.org/highest-to-lowest

Joecks, Wolfgang: Strafprozessordnung, Studienkommentar, 3. Auflage, C.H.Beck Verlag, München, 2011.

Kaiser, Eberhard: Auswirkungen des Strafprozeßordnung unter besonderer Berücksichtigung des Haftrechts, in: NJW, 1968.

Kindhäuser, Urs: Strafprozessrecht, 3. Auflage, Nomos Verlag, Baden-Baden, 2013.

Kühne, Hans-Heiner: Strafprozessrecht, Eine systematische Darstellung des deutschen und europäischen Strafverfahrensrechts, 8. Auflage, C.F.Müller Verlag, Heidelberg, München, Landsberg, Frechen und Hamburg, 2010.

Júnior, João Mendes Almeida: O processo criminal brazileiro, Band 1, Freitas Bastos Verlag, Rio de Janeiro, 1920.

Löwe-Rosenberg: Die Strafprozeßordnung und das Gerichtsverfassungsgesetz, Großkommentar, 26. Auflage, Band 4 (§§112-150), De Gruyter Recht Verlag, Berlin, 2007.

Mendes, Gilmar Ferreira. Coelho; Inocêncio Mártires. Branco; Paulo Gustavo Gonet: Curso de Direito Constitucional, 4. Auflage, Saraiva Verlag, São Paulo, 2009.

Merzbacher, S.: Strafjustiz in alter Zeit, Bd III der Schriftenreihe des mittelalterlichen Kriminalmuseums Rothenburg ob der Tauber, Neustadt an der Aisch, 1980.

Nucci, Guilherme de Souza: Manual de Processo Penal e Execução Penal, 10. Auflage, Revista dos Tribunais Verlag, São Paulo, 2013.

Nucci, Guilherme de Souza: Prisão e Liberdade – De acordo com a Lei 12.403/2011, 3. Auflage, Revista dos Tribunais Verlag, São Paulo, 2013.

Nüse, Karl-Heinz: Das Gesetz zur Wiederherstellung der Rechteinheit auf dem Gebiet der Gerichtsverfassung, der bürgerlichen Rechtspflege, des Strafverfahrens und des Kostenrechts, in: JR 1950.

Ostendorf, Heribert: Untersuchungshaft und Abschiebehaft, Anordnung|Vollzug|Rechtsmittel, Nomospraxis Verlag, Baden-Baden, 2012.

Pacelli, Eugênio: Curso de Processo Penal, 18. Auflage, Atlas Verlag, São Paulo, 2014.

Pieroth, Bodo. Frotscher, Werner: Verfassungsgeschichte, 9. Auflage, C.H. Beck Verlag, München, 2010.

Pieroth, Bodo; Schlink, Bernhard; Kingreen, Thorsten; Poscher, Ralf: Schwerpunkte Pflichtfach, Grundrechte Staatsrecht II, 29. Auflage, C.F. Müller Verlag, Heidelberg, München, Landsberg, Frechen, Hamburg, 2013.

Queijo, Maria Elizabeth: O direito de não produzir prova contra si mesmo (o princípio *nemo tenetur se detegere* e suas decorrências no processo penal), Saraiva Verlag, São Paulo, 2003.

Rangel, Paulo: Direito Processual Penal, 21. Auflage, Atlas Verlag, São Paulo, 2013.

Reitberger, Leonhard: Gewohnheits- und Berufsverbrecher auf freim Fuß?, in: Kriminalistik, 1967.

Roxin, Claus; Schünemann, Bernd: Juristische Kurz-Lehrbücher, Strafverfahrensrecht, 27. Auflage, C.H.Beck Verlag, München, 2012.

Rüping, Hinrich; Jerouschek, Günter: Grundriss der Strafrechtsgeschichte, C.H. Beck Verlage, 5. Auflage, München, 2007.

Satzger, Helmut; Schluckebier, Wilhelm; Widmaier, Gunter: Strafprozessordnung, Kommentar, 1. Auflage, Carl Heymanns Verlag, Köln, 2014.

Schild, Wolfgang: AlteGerichtsbarkeit - Vom Gottesurteil bis zum Beginn der modernen Rechtsprechung, Georg D.W. Verlag, Callwey, 1980.

Schloth, Stephanie: Die Haftgründe der Wiederholungsgefahr und der Schwere der Tat. Die §§ 112a, 112 Abs. 3 StPO unter besonderer Berücksichtigung neuerer Gesetzesänderungen und aktueller Entwicklungen im Bereich der Untersuchungshaft. Nomos Verlag, Baden-Baden, 1999.

Schmidt, Eberhard: Einführung in die Geschichte der deutschen Strafrechtspflege, Vandenhoeck und Ruprecht, 3. Auflage, Göttingen, 1983.

Schwerhoff, Gerd Schwerhoff: Köln im Kreuzverhör - Kriminalität, Herrschaft und Gesellschaft in einer frühneuzeitlichen Stadt, Bouvier Verlag, Bonn; Berlin, 1991.

Seban, Christine. Das Beschleunigungsgebot in Haftsachen und sonstigen Strafverfahren und die Kompensation rechtsstaatswidriger Verfahrensverzögerungen, Shaker Verlag, Aachen, 2011.

Streng: Ein Beitrag zur Entwicklung der Freiheitstrafe in Deutschland. Zeitschrift für die gesamte Strafrechtswissenschaft. Band 2, Heft 1, Seiten 215–231, ISSN (Online) 1612-703X, ISSN (Print) 0084-5310, DOI: 10.1515/zstw.1882.2.1.215, November 2009.

Wedy, Miguel Tedesco: Eficiência e Prisões Cautelares, Livraria do Advogado Verlag, Porto Algre, 2013.

Weiss, Wolfgang: Anmerkung zu OLG Gera, Beschluß 1.11.1947 – 1 SS 404/47, in: NJ 1947.

Wiesneth, Christian: Die Untersuchungshaft. Haftanordnung und landesrechtlicher Vollzug nach neuem Recht. W.Kohlhammer, Stuttgart, 2010.

Willoweit, Dietmar: Deutsche Verfassungsgeschichte, vom Frankenreich bis zur Wiedervereinigung Deutschlands, 5. Auflage, C.H.Beck Verlag, München, 2005.

www.ingramcontent.com/pod-product-compliance
Ingram Content Group UK Ltd.
Pitfield, Milton Keynes, MK11 3LW, UK
UKHW021837210426
5322IPUK00021B/330